中学生の質問箱

宗教ってなんだろう？

もくじ

はじめに　7

第1章　人はだれでも宗教心をもっている？　11

1　見えない何かに感応する　12
2　死者と向き合う　15
3　「いただきます」「ごちそうさま」――いのちの恵みへの感謝　17
4　お詫びのこころ――弱さと直面する　21
5　祈る、念ずる、願う　24
6　あなたは本を踏めますか？　29
7　動物にも宗教心がある？　33
8　芸術や文学にこめられた宗教性　36
9　「ふるさと」のもつ意味　41

私たちの生きる社会はとても複雑で、よくわからないことだらけです。困った問題もたくさん抱えています。普通に暮らすのもなかなかタイヘンです。なんかおかしい、と考える人も増えてきました。

そんな社会を生きるとき、必要なのは、「疑問に思うこと」、「知ること」、「考えること」ではないでしょうか。裸の王様を見て、最初に「おかしい」と言ったのは大人ではありませんでした。中学生のみなさんには、ふと感じる素朴な疑問を大切にしてほしい。そうすれば、社会の見え方がちがってくるかもしれません。

中学生の質問箱

宗教ってなんだろう？

島薗進

平凡社

第2章

宗教はなぜ、どこで、どんなふうに生まれたの？

宗教はなぜ、どこで、どんなふうに生まれたの？ 47
1 枢軸時代と宗教の起源 48
2 自然と宗教 50
3 トーテミズムが宗教のはじまり？ 52
4 トーテムとイエスの死 60
5 救済宗教の誕生 63
6 真理とは何か？ 74
7 二重構造と〝宗教の定義〟 79
8 さまざまな新宗教 83

第3章

宗教は人を救ってくれるの？

宗教は人を救ってくれるの？ 85
1 ブッダはなぜ出家をしたのか？ 86
2 四つの門と母の死 89
3 菩薩としての前世——自己犠牲 93

4 アショーカ王の気づき 97
5 やがて権力者が宗教を庇護しはじめた 102

第4章 宗教は危ないものなの？ 105

1 宗教は「危ない」？ 106
2 宗教は争いを生む？ 108
3 それでも根強い宗教への信頼 112
4 聖書にみる「平和」の言葉 119
5 仏教の暴力へのこだわり 121
6 東洋発の非暴力と「愛」 124

第5章 宗教は暴力を超えられるの？ 129

1 イスラームは「政権=宗教」 130
2 人はカリスマを待望しているの？ 134

3 イスラームの分裂 136
4 宗教の平和への貢献――ガンジーの非暴力 143
5 家族はエゴのはじまり？ 145
6 宮澤賢治の理想 151

第6章 日本の宗教にはどんな特徴があるの？ 159
1 「宗教」の語源 160
2 平和な世なら宗教はいらない？ 165
3 埋葬にこめられた祈り 168
4 「自力」と「他力」 171
5 「道」と宗教 174

第7章 これからの宗教はどうなるの？ 179
1 現代人と宗教 180

2 スピリチュアリティの登場 187
3 救いの多様化？ 205
4 宗教回帰、日本は？ 210
5 宗教を学ぶこと、実践すること 214
おわりに 219
参考文献 222

はじめに

宗教は何か大切なことを教えている。イエス・キリストやブッダは人類を導《みちび》く大切な教えを説《と》かれた。そう言われているのは知っている。でも、近づきたくはない。とりあえず、あまり関心はない――あなたもそうですか。この本はそういう読者を予想しています。

そこで、宗教にあまり関心がない人に聞いてみたいのですが、「宗教はこの世になくてよいものですか」。「なくてよい」と言い切れる人も、ちょっと辛抱《しんぼう》して読んでみてください。「ない方がいい」と思う人の考え方ももっともなところがある、それがこの本の前提《ぜんてい》の一つです。

でも、「宗教はなくなりはしない」という前提もあります。人類がこれまで宗教とともに歩み続けてきたのにはそれなりの訳《わけ》がありそうだ。そして、その前提はたやすく変わりそうにもない。宗教には奥深い存在理由がある。私はそうも考えています。

では、「なぜ宗教はこの世にあり続けているのでしょうか」。「なぜ人は宗教とともに生きてきたのでしょうか」。この本はこの問いに答えようとしています。大きな問題で答えるのが難しそうですが、二つの手がかりから解《と》こうとしています。

一つは、私たちひとりひとりの中にある「宗教心」です。

たとえば、受験のとき、神社で絵馬《えま》に願いを書いたことはありませんか。亡くなった人の写真や柩《ひつぎ》、位牌《いはい》の前で手を合わせたことはありませんか。近しい人が苦しんでいて心配なとき、何かを一心に念じたことはありませんか。

ふだんそれを宗教と関わりがあると考えてはいないかもしれませんが、実は関係があるのではないでしょうか。もし、そうだとすると、あなた自身にとっても「宗教はなくてよいもの」ではないかもしれません。「宗教心」にあたるものなしに生きていけるだろうか、というところまで感じていただきたいと考えています。

もう一つは、「宗教の危なさ」ということです。

宗教は平和を求めているはずなのに争いを招《まね》いているように見える。宗教は暴力を鎮《しず》めようとしているはずなのに暴力を増幅《ぞうふく》しているように見える。どうしてそうなるのでしょう。

「あなたの隣人《りんじん》を愛しなさい、いや敵さえも愛しなさい」とキリスト教は教えます。「怨《うら》みに対して怨みをもって応じてはいけない。怨みを捨ててこそ怨みは止《や》む」と仏教は教えます。他の宗教も同様の教えをもっています。そんな宗教が広まれば、平和な世界になるはずですね。それなのに、宗教が争いを増幅する働きが目立ちます。

この問いを解きほぐすのは容易《ようい》でありません。しかし、取り組みがいのある問題です。宗教に対する疑いをほどくためには、この問題に対する納得《なっとく》できる答えが必要です。そして、もしよい答えが見えてくるなら、人類社会にとっても明るい未来が展望できるかもしれません。

もちろん、二つともかんたんに答えが出るわけではありません。しかし、この二つの問いが大切な問いだということまではわかっていただきたいと思っています。人類は宗教を置き去りにして、どんどん遠くへ行ってしまうことはできない。そこまでわかっていただけること、これがこの本の目指すところです。

それほどややこしい話にはしないつもりです。わかりにくいところは読み飛ばしていただいてけっこうです。そして、これは自分にも心あたりがあるというところを見つけていただけるなら、とてもうれしいです。

第1章

人はだれでも宗教心をもっている?

1 見えない何かに感応する

――昨夏のオリンピックで、女子柔道の金メダルを獲得した日本人選手が「ここにくるまでに神様が数々の試練を与えてくださったんだなと。そのすべてがここにつながっていると感じました」と試合直後のインタビューで涙ながらに語っていました。ふだんなら聞き流してしまいますが、宗教について考え始めていたせいか印象に残りました。神様が数々の試練を与えてくださった……何か特別にうれしいことがあった時、たとえ信仰がなくても、ああ、神様が味方してくれたのだ、と無意識につぶやくのは何らおかしくないと感じるからです。でも「神様」の存在を信じているかというと、ふだん意識しているわけではありません。ならばなぜ、そんなふうに表現したり、違和感なく受け止めたりするのでしょう。

ふだん気づかない宗教心ですね。今回のテーマによく合う話です。

まず「宗教」という言葉は、人によっては抵抗があってなかなか使いにくい面もあります。人によって使い方がちがうので議論がかみあいにくい。でも、あまりややこしいことを言うと最初からつっかえてしまう。そこで宗教をいろんな側面から見ていく方法の一つとして、まずは「目に見えない尊いものに感応《かんのう》する」ことについて考えましょう。まさに今のスポーツ選手の話は、目に見えないものを意識している人のことですね。そういう時をもてるということ、そういう所作《しょさ》をもっているということ――が力のもとになっている可能性があるということです。宗教にはそういう好ましい面があります。

しかし、今は「いい例」を挙げましたけれど、それがおかしな方向へ働くことがあって、何か目に見えないものを自分の味方にすることで、合理的に考えればできないことをできると思ってしまう、あるいはふつうなら許されないことをしてしまう、あるいはそういうものに頼ってしまうという側面があります。一方で宗教に尊敬心をもちながら、現代では宗教にマイナスのイメージがついてまわる、危ないとか、嫌い、気持ち悪いといった思いが働くのはどうしてか。一つには目に見えない尊《とうと》いものを強く意識することで本来すべきことをしないでごまかしている、こう理解される面があるからでしょう。

同じ宗教でも、そういう宗教はだめなんだ、という考え方や、偶像《ぐうぞう》的なものを否定して、より理に適《かな》ったものこそ宗教だと言ったり、「本物」と「偽物《にせもの》」を区別しようとする意識も働くことが多い。自分たちこそ「本物」だと信じて「偽物」を強く否定する……そういったことが宗教にはついてまわります。とくに組織や集団をなすようになると、何が正しいのかをしっかり枠《わく》づけて、そこに入ってくる人は依存心を強めさせ、自分の判断をしないようにしてしまう、また同じ行動をとらない人を排除したりする。「宗教」というとまずそんな印象が思い浮かぶ、これは間違いとはいえず、たしかに宗教にはそういった面が伴《ともな》いがちです。そこで、まずはしっかりとした組織や枠づけや規則がある宗教をいったんカッコに入れて、いわば〝宗教心のもとになるようなもの〟、宗教がかたまってしまうためにおかしな方向へ向かっていく――そういう面についても考えなくてはいけませんが――、そうではない側面についてお話ししようと思います。

――太古《たいこ》の昔にかえって、ということでしょうか。

太古にも宗教のいやな面はあったかもしれませんから（笑）。人が「宗教」ということを意識しないでも、もともと「宗教に通じる心」をもっている、つまり人間のなかには宗教心――スピリチュアリティと言ったりしますが――に通じるものがあって、実はがっちり枠づけられて出てくるものも、普通の人間にとってそれほど遠いものではないものと、相通じるものがあるのだという見方をしてみたいと思います。

2 死者と向き合う

わかりやすい例でいうと、「死者と向き合う」ということです。死者は、生き残っている人間から見てしばしば目に見えない尊い存在です。だから、手を合わせるということをしない、というのはどこかおかしく感じられる。

――それは身近な人についてでしょうか。

身近な人ほど切実にそう感じられますが、たとえば津波でたくさんの方が亡くなると、皆が手を合わせたい気持ちになります。昨年、障害者の方たちが殺された事件（2016年7月に相模原市《さがみはらし》の障害者施設で元職員に19人が殺害された事件）でもそうでしょう。

――多くの方が花を捧《ささ》げに現場へ足を運ばれていました。

私は自分の父が死んだ時、よく父が夢に出てきました。死ぬ前はほとんどなかったことです。死が近づいてくると、心のなかでしょっちゅうやりとりをするようになったためでしょう。どちらかというと励ましてくれるような夢でしたが、親が悲しかったことを知らされる、というのもありました。

「夢」も、自分の頭のなかで勝手につくった単なる幻に過ぎない、とも考えられますが、なにかふだんは気がつかない大事なものがそこに入っていることがありそうです。魂《たましい》というものがあって、死んでも魂は存続するという考え方や、目に見えない不思議な力が働いて物事がうまくいくとか、逆に邪魔をされているとか、病気になれば、そこにはいやな思い出や、亡くなった人の思いが働いているのではないかとか、逆にお祈りやおまじないをしたり、お守りに気持ちを込めることでいい働きがあるのではないかとか。これらは迷信とも考えられますが、夢知らせはどうでしょう。ふだん覚めている時の意識では気がつかないことを気づかせてくれているともいえますね。考えてみると、われわれの意識は自分でコントロールできているつもりでいて、いつも目に見えないものと触れている、それは無意識ということもできますが、突然思わぬことが心に浮かんできたりしますよね。シンクロニシティ（共時性《きょうじせい》）といって、偶然にしては出来過ぎだなあということが起こる、そのなかに目に見えないものの働きを感じてしまう、そういう経験が誰にもあると思います。

——そういえば私もよくあります。

3 「いただきます」「ごちそうさま」——いのちの恵みへの感謝

もっとわかりやすい例でいうと、食事をする前に「いただきます」と言い、人によっては手を合わせますね。お祈りの言葉を唱《とな》える人もいます。そして終われば「ごちそうさま」と言う。これは世界中どこでもそうというわけではなくて、キリスト教文化圏《けん》でも、熱心な教徒ならお祈りをあげて食べますが、今はふつうの人は何もしないことが多い。ところが日本では、宗教があろうがなかろうが手を合わせる人が多いですし、今は誰でも言葉として「いただきます」「ごちそうさま」と言います。これは、誰に対して言っているのでしょう。

――うーん。私も言いますし、手も合わせますが……。

私の場合、妻に対して言っていることが多いです（笑）。しかし、レストランでも、何かを買って食べる時も言う、そういう気持ちが自然に浮かんできます。そのなかには作ってくれた人――といっても料理の最後の仕上げをした人、材料を作った人もいれば、そもそも材料になった生きもの、その生きものを育てた太陽や水や大地――そういういのちの連鎖《れんさ》ぜんたいに言っているのかもしれません。

――なるほど。そもそも「いただきます」「ごちそうさま」という言葉はいつから使われてきたのでしょう？

言葉の歴史は別として、食前食後に感謝の念を表わすというのは中世にはさかのぼるでしょうし、古代からあるかもしれません。たぶん宗教と結びついていたでしょう。それを神様や特定の崇拝《すうはい》対象に限定しないのは近代的かもしれません。

また、「おかげさまです」という言葉があります。たとえば、夜眠る時には今日一日、

不特定で目に見えないものに手を合わせるのは「いのちの恵みに対する感謝」

無事でよかった、おかげさまと手を合わせます。もしくは大変なことがあったとしても、ともかくこうして終えることができてありがとうございます、という気持ちで「おかげさま」と感謝を表わすかもしれません。その場合も、相手は特定の存在、子どもであれば両親や先生方や神様やご先祖様だったりするよりは、不特定で目に見えないもの、名前のつかない何かに対するような感覚でやっているところに日本の宗教心の特徴があります。でもそれは、他の地域の人たちも共鳴することかもしれません。「神様」と言ってはいても、そこに目に見えない尊いものを想定しているのではないか——サッカー選手がグラウンドに入る時にひざまずいたり、得点を上げれば十字を切ったりする、それは神様といえば神様なのですが、私は「いのちの恵みに対する感謝」と言えばいいのかなと思います。

——女子ゴルフの試合で、韓国のイ・ボミ選手がホールアウトした瞬間、十字を切る姿をテレビで何度か目にしたことがあります。常に勝負の世界、競争のなかにいながら強さを持続していること、それを支える精神力の裏には、もしかしたら信仰心があるのかなあと。

そうかもしれませんね。いつも厳しい競争のなかにいるから、謙虚になるのでしょうか。

なかにはあえて自己の力を誇るような人も出てきますが。

――そう考えると、スポーツ選手に信仰をもっている人は多いのか、また信仰をもつ選手のほうが強くて成績がいいのか、あるいは逆だったり、まったく関係ないのか、気になってきました。ラグビーの五郎丸《ごろうまる》選手はキックを蹴《け》る前に祈るようなポーズをしますね、あれも考えれば不思議です。

それも今日の話に絡《から》んでいますね。

また「もったいない」という言葉。これは単なるケチで「1円も余計には使わない」というような使い方もありますが、自分以外の力をいただいて自分が生かされている、いのちの恵みを賜《たま》わっているという受け身の感覚を伴っていることが多いでしょう。物を粗末《そまつ》にしてはいけない、といった気持ちのなかに目に見えない尊いものという感覚が存在していませんか。「宗教を信じていない」「自分は無宗教である」という人たちでも、そのわりに「もったいない」はふんだんに用いる、つまりその感覚をもっているのではないでしょうか。

日常的によく聞きます。

4 お詫びのこころ――弱さと直面する

感謝する、というのは、どちらかといえばプラスの状態で、幸せであったり、喜びのなかにある場合ですが、逆に悪い状態、苦しい、辛《つら》い、悲しい思いをするときには、やはり何か自分に落ち度があったのではないか、あるいは人間の側に足りないところがあったのではないか、ということになります。たとえば事件や事故があって人が苦しんだりするときには、すぐに原因追究をしますね。調べて、原因がわかることによって安心しようとする。しかし、なかにはとても説明できないことがあります。自然災害ではますますそうです。なぜその人がそんな苦しい目に遭《あ》わなくてはならないか、わからない。しかし、何かしら人間の側に落ち度があったのではないか、明らかに人が傷ついたりするのは、自分の力が足りなかったのではないか……柔道でなかなか金メダルが取れないで、銅メダルを取っても嬉しそうな顔ができないのは可哀想だなと思うのですが（笑）、「自分が至らなかった」というようなコメントをよく聞きました。

――嬉しいどころか、悔しそうな。

ああいう時には、やはり自分に何かが足りないと。ただ、オリンピックに出るような選手はそもそも勝利の経験が多かった人たちで、その周りにはたくさんの「まけた人」「うまくいかない人」「挫折《ざせつ》した人」がいます。そういう経験は一生ついてまわりますし、やがて最後は人は病気や老いのなかで死んでいくわけで、「弱い自分」というものと直面しなければなりません。人間の限界に直面せざるを得ないのですが、そういうときに何かが足りなかった、悪かったと自分の非《ひ》を認めることもあると思います。それを詫《わ》びるとか、悔いるとか、謝るとか……。

――逆に、うまくいかないときに、それを目に見えないもののせいにしてしまうこともありませんか？

もちろんあります。何か自分ではないもののせいで自分が辛い目にあった、と。でもそれはなんとなく潔《いさぎよ》くないですね。逆に自分を責めすぎるのもうまくない。特定の人や特定の傷に対してと同時に、そこを超えて罪を重く感じてしまうこともある。津波のなかで人が亡くなっていったのを「助けてあげられなかった」と多くの人が言います。どうしても自分を責めてしまう。そんなに自分を責めなくていいんだよ、と言いたいところですが、その気持ちになってしまうことは避けられないんですね。

——頭ではわかっていても、自分を責めないではいられない。

たとえば東日本大震災の後、何度か被災地を訪れましたが、東北の人には伝統的に、お互いを思いやる独自のリズムが身に着いているのを感じました。辛抱《しんぼう》強くて柔《やわ》らかくてへんにはみ出ない。ふつうの人がもっている、そういう当たり前の行動様式やものの考え方も私は「宗教的なもの」につながると思います。

また毎年8月6日（広島に原爆が落とされた日）、9日（長崎に原爆が落とされた日）、15日（終戦の日）、あるいは沖縄戦の慰霊の日（6月23日）などに手を合わせる、そこにはやはり人間の側が至らなかったという思い、それは自分や先祖たちもかかわっていますから、単に原爆を落とした側がいけなかったとか、間違った戦争を主導した人たちがいけなかったというだけでは足りない何かがある――やはり私たちのなかに何か至らないものがある、という思いが生じる。そういうふうに、目に見えるものを超えたところにまで思いが至るときに、私たちは手を合わせます。目に見えない尊いものに向き合うのにふさわしい姿勢があり、言葉がある――それが宗教のもとになっている人間の経験の一つだと思うのです。

5 祈る、念ずる、願う

それを「祈る」という言葉で表わすこともできますが、「祈る」には「何に対して」と対象がはっきりしているイメージがある。あるいは祈る内容が言葉ではっきり言えるイメージがある。ただ日本人的には、何かそれでは気持ちが落ち着かない。「祈る」では感覚が合わないということで、たとえば「念ずる」と表現する。目に見えないものに向き合うあり方で、「こうあってほしい」ということですね。

――「念力《ねんりき》」という言葉もあります。

念という字は「今の心」と書きますね。「祈る」は、向こう側を見ている、人間の外の遠い尊いものと向き合っている。いっぽう「念ずる」は、心のなかから尊いものに至るという意味があるのかなと思います。「信仰」という言葉は、宗教に対する人の心のあり方としてふつうにありますが、仰の字は「仰《あお》ぐ」、上を向くことです。ただ日本には「信心《しんじん》」という言葉もあって、こっちのほうがストンとくる場合もある。信ずる心、というふうに、内側を見る。ここがやはり一神教の世界と、東洋というのか、インドから東側の世界とでは少し違うところかもしれません。

――天にましします我らが神……とキリスト教でいいますね。

「天」というのはインドにも中国にも日本にもありますが、ただ日本は「天」の概念が少し弱い印象がありませんか。むしろ「天地」というふうに、天といえば常に地が意識されている。生きものが生きている場所、もちろん鳥のような生きものは空も飛びますが、空気のないところまでは行けません。地には空気や水がくっついていますので、天地というときは、生きものが存在している世界を指します。

――リアルな世界ですか。

いのちが存在するためには、太陽も月も星もある宇宙があってこそかもしれません。しかし、水や空気がある、いのちに近いところでものを考えている私たち。どこか農民や女性の感性に近い。そこで「大地」、つまり「地」が強調されるのだと思います。そういうことと「念ずる」はどこか通じているかもしれません。

また「願う」という言葉もあります。日本の宗教では「祈る」よりも「願う」のほうが合う、という人もいます。願うのは人がいつもしていることです。ものすごく卑近《ひきん》な例ですが「今日はちゃんとゴミを捨てておいてよ、お願いね」（笑）と人間同士はしょっちゅうやっています。一方で、「祈る」にはそういった卑近さは入ってこない。しかし、たとえば金光教《こんこうきょう》では「一心に願え」と教える。その場合はもはや祈りに近い、念ずるにも近い。もしあなたの近しい人、子どもや親、兄弟姉妹が辛い状態にあって、なんとかなってほしいと思うときには、それはすでに強く願っているし、一心に願っているでしょう。

――「悲願《ひがん》」という言葉もありますね。

尊いものは近くにあって、私たちはそれをいつも感じ取っている？

そうですね。「祈願《きがん》」もありますね。日本で「願う」が宗教的な意味で用いられている理由の一つには、仏教に「誓願《せいがん》」という言葉があります。「願う」と同時に「誓う」わけですが、それも人間が誓う・願うと同時に、菩薩《ぼさつ》、つまり人間の形をとった仏さまが願う・誓うのであって、阿弥陀仏《あみだぶつ》の誓願というのが親しみ深い例です。祈るのも願うのも人間の力ですが、「回向《えこう》」というのは、差し向け、振り向ける。仏さまが人間のなかに働いて祈るとこんなことが起こる、人は仏さまの誓願のなかに生きていて、それが人間の心に「願い」となって働いてくる、ということです。

――そのへんは人類全体というより日本人的なところ？

そうですね。「祈る」という言葉に落ち着きなさを感じる人でも、「念ずる」「願う」なら自分のこととして受け止められる、自分にもそういう経験があるなと思える――まあ私自身を例にして考えていますので、どれくらい一般化できるかわかりませんが。別の言い方をすると、尊いものは遠くではなくて近くにある、それをいつも感じ取っている。そのため、「宗教」と思っていないというのが、日本的かもしれません。

――日本人は、目に見えないものとわりと親近感をもっている？

そうじゃないでしょうか。たとえば学生に「宗教心があるか」と聞くと、ほとんどが「ない」と答えます。じゃあ入試のときに絵馬《えま》になにか書かなかった？ 天神様《てんじんさま》とか神社に行かなかった？ と聞くと、ほとんどが「行った」「絵馬に願いを書いた」と答える。単に習慣だから、皆が行くから、ということもあるかもしれませんが、まったく意味のないことはそこまでやらないでしょう。

――正直、すがりたい、というか期待を込めてしまいます（笑）。

そこではやはり、身近なところで目に見えないものの働きを感じ、大切に思っているわけです。

6

あなたは本を踏めますか？

また、「あなたは人が寝ているときに、顔の上を跨《また》いでも平気ですか」と聞くと、全然気にしないという人もいるでしょうが、やはり「それはやらない」という人のほうが多いと思います。

――敷居《しきい》を踏まないとか。

そうですね、跨ぐのは仕方ないとしても踏まない。あるいは本を床《ゆか》（地べた）に置いていいかと聞かれると、やはり置かないほうがいいような気がする。私はスペース的に仕方なくそうすることもあって、こういうのを「背に腹はかえられない」と言います（笑）。じゃあ床に本を置いたとして、それを踏んでもいいかとなると、ちょっと踏めませんね。

――なんだか「踏み絵」みたいです。

本を踏まない、手紙も踏めない、それはなぜか――今、手紙というのは少なくなって、「スマホを踏めますか」と聞かなくちゃいけないかもしれませんが（笑）、やはり本にはどこか、心が入っていると感じるからではないか。生きている。目には見えないけれども、何かしら生きものがそこにある……床屋さんに行くと、床に髪の毛がバサバサ落ちています。美容院でもそうですか？

――はい、落ちてます。すぐにきれいに掃かれますが。

床屋や美容院にあるのはいいですが、ふだん歩いている廊下にもし髪の毛がバサッとあるのを見ると、ギクッとしませんか。

――こわいです。

やはり、そこに生きるものを感じるからでしょう。そういうものに手を合わせると、キ

手紙や本を踏めないのは心が入っていると感じるから？

リスト教徒は迷信だと言うでしょうし、亡くなった家族の写真に手を合わせても、プロテスタントやイスラーム教徒にすれば「それはちょっと違うよ」ということになる。しかし日本では当たり前のことですね。これは身近なものに尊さを感じる、アニミズムとも言われるものです――ですから、今日はアニミズム的な宗教性という話をしていることになります。こういう話をしますと、ある学生が「そういえば私は靴《くつ》を捨てるとき、手を合わせます」と言いました。靴もずっととっておくわけにはいかないのでいずれは捨てることになるのですが、ただ捨てるのは何か気がひける、お礼やお別れを言いたいという気持ちだと思います。

――「○○供養《くよう》」というのがよくありますね。

じつは靴の供養をしている神社が東京にもあります（荒川区南千住《みなみせんじゅ》の玉姫稲荷神社《たまひめいなりじんじゃ》です）。「供養」は仏教用語なので変かもしれませんが、針供養だとか、眼鏡や包丁などを供養する神社やお寺がある。そういう気持ちは、目に見えない尊いもの――単に目だけでなくて五感《ごかん》に感じられないということで、「神仏」と言える場合もあるでしょうが、「いのちの恵み」であるとすれば遍在《へんざい》していて――そういうものに目をつむり、手を合わせる。それによって心を向ける、ということですね。

――それは日本人だけではないような?

ええ、今はアニミズムに引き寄せて話をしていますが、こういったことは一神教や仏教にもある。宗教の違いを超えて人類が共有している宗教のもとになる人間の心性と考えてみようというわけです。

一神教と多神教

一神教は、唯一の神を全知全能の創造主であると考えて崇拝する宗教で、ユダヤ教のヤハウェ、キリスト教の〈父なる神〉、イスラームのアッラーなどがそれにあたります。また多神教は複数の神々を同時に崇拝する宗教で、神道やヒンドゥー教など古代の宗教に多くみられます。ただし、キリスト教では唯一《ゆいいつ》の神でありながら、それを三通りの存在――イエスの父である神、神の子イエス、地上の存在に永遠の慰《なぐさ》めを与える聖霊《せいれい》――として考えます。三者は別のものではなく「唯一の神の三つの位格《いかく》」であって、これを「三位一体《さんみいったい》」といい、キリスト教を特徴づける考えとなっています。対してイスラームでは、アッラーは唯一の絶対神であり、ムハンマドはその啓示《けいじ》を受けた最後の預言者《よげんしゃ》とされます。ちなみにイスラームで最初に啓示を受けた預言者は、ユダヤ教の聖典『旧約聖書』でイスラエルの民の祖とされるアブラハム(『クルアーン』ではイブラーヒーム)で、アブラハムはまたキリスト教でも敬《うやま》われています。

7 動物にも宗教心がある？

目に見えないといえば「未来」もそうです。未来に対して、そこにすごく恐ろしいことがあるかもしれない、あるいは素晴らしい希望があるかもしれない、と感じる経験は誰でもよくあります。これから試験や手術を受ける、というときにもやはり手を合わせ、祈る、でなければ念ずる、願う、そういう気持ちをもつでしょう。

――そもそも手を合わせる行為は、いつ始まったのでしょう。世界共通なのですか？

文字どおり手を合わせるのはインド風かもしれませんね。キリスト教では手を組むことが多いですし、神道では柏手《かしわで》を打ちます。ここではそれらをひっくるめて「手を合わせる」と言っています。ひざまずく、頭を垂《た》れる、目をつむる、でもいいかもしれません。それらは何か目に見えない尊いものに対しています。その裏側には怖いもの、悪《あ》しきものもあるかもしれませんが、それらもここでは「尊いもの」に代表させて話しています。こういうことは、「〇〇教」という宗教ができる前から人類にはあったに違いないでしょうし、それを表現する、そして心を向けるということが昔からあった。いや、もしかしたら人類以前の類人猿にもあったかもしれないし、ゾウもライオンもネズミもやっているかもしれない。

――えっ、人間以外の動物もそういう表現や行為をしているのですか？

私は似たようなことは、あると思っています。「犬は祈らない」という人もいますが(笑)、私の家で飼っていた犬は、飼い主が帰ってくるのを玄関で待っていて、姿を見るとキャンキャンないて飛びついてきました。その前にちらっと音や気配《けはい》がした時から、「ああ、帰ってくるな」と躍《おど》るような所作をしていました。あれはどこか祈りに近いのではないでしょうか。私が毎日通っていた通りに面した床屋さんの扉の内側では、小さなワンちゃんがいつも座って何かを待っていました。何を待っているのか、犬が来ればいちばん嬉しいのでしょうが、人間が来ても嬉しいかもしれない、その待っているときの心は、祈っているときの心と近いような気がしますが……どうでしょうかねえ。

――私の家の近くにも、レトロな床屋のガラス戸のカーテン越しにたまに柴犬《しばいぬ》がちょこんと座って、じっと何かを待っているようでもあります。通ったときにいてくれると、すごくありがたい気持ちになるんです（笑）。

待つ行為は、忠犬《ちゅうけん》ハチ公だけじゃないですね。他の犬もおそらくもっているものを典型的に表わしたということでしょう。猫も違うかたちでそういうことはあると思います。それを宗教とよぶことはできないでしょうが、宗教に通じる何かじゃないか。ゾウは死んだ親が骨になったところを訪《おとず》れて、触れるような仕草をするそうですし、イルカは信号（超《ちょう》音波《おんぱ》）を発していて、言語をもっているんじゃないかという人もいます。

――すると、宗教心は人だけの特性ではないということなのでしょうか。

そういうところまで含めて宗教をとらえたい、というのが私の考えです。たとえばミツバチの場合、女王蜂は生き残りますが、働き蜂は自分の身を犠牲《ぎせい》にします。自分を超えたいのちを信じているとも言えますよね。本能といえばそうかもしれませんが。

――宗教は漠然《ばくぜん》と人間のものと思っていましたが、違うかもしれない……。

8 芸術や文学にこめられた宗教性

さらに、目に見えないものを見えるかたちにするのが芸術という行為の一つの特徴だとすれば、芸術には目に見えない「尊いもの」を表現する面があるのではないでしょうか。お墓と関連して古代の美術遺跡がたくさんありますね。日本の埴輪《はにわ》や、さらにずっと古い、ネアンデルタール人が描いたともいわれるスペインのアルタミラ洞窟《どうくつ》の壁画《へきが》や、クロマニヨン人が描いたといわれるフランスのラスコー洞窟の壁画もあります。牛や馬やトナカイなどの美しい絵が描いてあって、動物がよく獲《と》れるよう、その霊に働きかける意味があるのだと思います。となると、芸術はそもそも宗教と切り離せません。

――名もなき芸術家の祈りのような……。

また「物語」のもとは神話とも言えます。浦島太郎も桃太郎も一寸法師《いっすんぼうし》も見えない向こう側の世界とこの世をつなぐ物語ですね。

音楽については、神様が降りてくるときには楽器が大きな役割を果たします。太鼓は意識状態を変えますので、その音を鳴らしながら目に見えないものに近づいていくということもあります。弦《げん》楽器も、日本では『古事記《こじき》』や『日本書紀』に琴が出てきますし、神降《かみお》ろしに用いられる梓弓《あずさゆみ》というものがあり、三味線《しゃみせん》などもベンベンベンと鳴らしていくうちに意識が変わっていく。法螺貝《ほらがい》や笛もそういう面はありますが、どれも複雑な構造ではなくて作りやすい楽器ですね。ピアノとなるとなかなか大変ですが（笑）。要するに、音を通して目に見えないものに近づいていく。

——**三味線の響きもきゅーんと胸に迫ってきます。**

世界中にそういったギター風の撥弦《はつげん》楽器はあって、ロシアのバラライカやインドのシタール、沖縄の三線《さんしん》……人類が考える弦楽器にはどこか共通性がありそうです。

——音楽は美しい、心地よいだけでない、魂を揺さぶる何かをもっているのですね。

また、日本の和歌はしばしば目に見えないものに働きかけます。紀貫之《きのつらゆき》が『古今和歌《こきんわか》集《しゅう》』仮名序《かなじょ》に書いています。「やまと歌は人の心を種としてよろづの言《こと》の葉《は》とぞなれりける（中略）花に鳴くうぐひす水に住むかはづの声を聞けば生きとし生けるものいづれか歌をよまざりける　力をも入れずして天地《あめつち》を動かし目に見えぬ鬼神《おにがみ》をもあはれと思はせ男女のなかをもやはらげ猛《たけ》きもののふの心をもなぐさむるは歌なり……」。言葉は不思議な働きを引き起こす、と言っていますね。

——有名な一節ですね。

日本の歌の起源は、『古事記』にある「八雲《やくも》立つ　出雲《いずも》八重垣《やえがき》　妻籠《つまご》みに　八重垣作る　その八重垣を」（八岐《やまた》の大蛇《おろち》にずっと脅《おび》えていた美しい姫を妻に迎え、これから二度と同じような想いはさせまいと誓いながら、愛する妻を護《まも》るために幾重《いくえ》にも重なる垣根《かきね》を作って御殿《ごてん》を建てた。幾重にも重なるあの雲を見ていると、天からも守られているように感じるなぁ）だと言われています。スサノオが、ヤマタノオロチに生贄《いけにえ》にされそうになっていたクシナダヒメを救ってオロチ

歌や詩、言葉には、目に見えないものを揺り動かす働きがある

を退治し、彼女と結婚する、そして妻のためにつくった住居を囲っているのが立派な八重垣です。聖地を美しい森が囲っている光景を私はイメージします。そういうものが地上にできることと、出雲、聖地のよび名ですが、それを雲が天に生じることを絡《から》めて歌に詠《よ》んだわけです。神の家と美しい雲の二つは関係がないといえばないのですが、目に見えない天の護り、あるいは大自然や神の護りが前提になっている。とすると、歌や詩は目に見えないものを揺り動かす働きがあるといえるかもしれません。

——そこには日本の自然の豊かさが絡んでいるのでしょうか。

いいえ、おそらく人類的に歌、つまり言葉には何か目に見えないものに働きかける面があるのです。人の名前は、そうおろそかに口に出してはいけませんし、名を傷つけることを言ってはいけませんね。

——中国では昔、親や君主の諱《いみな》（本名）を口に出すのを避けたと聞いたことがあります。

また渾名《あだな》というのは、その人の目に見えない、見える場合もありますが（笑）、何かし

らの特徴を表わして、いわばそれを呼び出そうとする。そもそも名前というのはそういう力をもちます。これは言霊《ことだま》的な考えになってきますが。

――名づけ、というのはたいへんなことなんですね。

目に見えないものに働きかけることを魔術とか呪術《じゅじゅつ》といい、呪術のもとは呪文《じゅもん》で、言葉には呪文的な要素がとても多いともいえます。

――そうなると、やはり人間に限られてくるのかな。

鳥が鳴く、蟬《せみ》が鳴く、あるいは孔雀《くじゃく》が羽根を広げて求愛する行為や、動物のダンスのようなもの、それらは言葉に通じるかもしれません。文字ができる前の言葉は音を使うコミュニケーションの非常に洗練《せんれん》されたものですが、「言葉のもと」となるようなものは、広く生きものにたくさんあるとも考えられます。

――お坊さんの「声明《しょうみょう》」というのを聴いたとき、意味を超えた声の力というのか、音の

力を感じました。

音による表現は、言葉でなくても、人の気持ちの分析しにくいものに訴えるということがあるのでしょう。

⑨「ふるさと」のもつ意味

和歌のなかにそういう例はいくらでもありますが、一つ挙げると、西行《さいぎょう》（1118－1190、平安時代末期～鎌倉時代初期の歌人・僧侶）の有名な「願わくは花の下にて春死なんその如月《きさらぎ》の望月《もちづき》のころ」、この歌は自分の願望をうたっていながら、祈っているようでもあります。美しいものを表わしていながら、どこか死を超える、永遠に通じるものにまで思いを致している。シャーマン（自ら直接、神や霊に触れたり、聖なる領域を体験する力を得て宗教的指導者となる人のことです）の言葉に通じるかもしれません。

私の父はこの歌が大好きで、見事に4月9日に亡くなりました。その日、隣家に山桜が美しく咲いていて、棺《ひつぎ》が家に運ばれてきたときに花びらがはらはらと散って、この世のものとは思えない感じをもちました。桜が好きだった父がそんなふうに亡くなったのは、やはりシンクロニシティでもあります。

――たとえご自身の目では見えないとしても、きっとお幸せだったんじゃないかなあ。

そこでふたたび「死」についてですが、死を迎える人が少しでも安らかに最期《さいご》を過ごせるようにと、ターミナルケア（終末期の生を安らかに過ごすためのケア）やスピリチュアルケア（生きている意味が見失われるような苦しみ悲しみに関わるケア）ということが行なわれています。そこで患者さんに歌ってほしいと頼まれる歌でもっとも要望の多いのが「ふるさと」だそうです。なかには、美空ひばりの「川の流れのように」や、関西では「六甲おろし」というリクエストもあるそうですが（笑）。

「ふるさと」という歌は、目に見えるふるさとを表わしてもいます。1番に出てくるのは「うさぎ」「山」「こぶな」「川」、〈自然〉ですね。そこに「夢」ときますから、過去の、もう見ることができないイメージが浮かんでくるということです。

「ふるさと」

（作詞　高野辰之、作曲　岡野貞一）

1　うさぎ追いし　かの山
　こぶな釣りし　かの川
夢はいまもめぐりて
　忘れがたき　ふるさと

2　いかにいます　父母《ちちはは》
　つつがなしや　友がき
雨に風につけても
　思いいずる　ふるさと

3　志《こころざし》を果たして
　いつの日にか　帰らん
山は青きふるさと
　水は清き　ふるさと

2番になると、「いかにいます　父母」。まだ生きている父母、あるいは、すでに亡くなってしまったかもしれません。「つつがなしや　友がき」、このなかにも生きている人も死んでしまった人もいるでしょう。ここは〈人間〉ですね。私のような年齢になりますと、感謝の念を込めて「先生」と呼べる人が少なくなりました。自分がいのちを授かった、今日述べてきたような、いちばん尊いものをいただいてきた、「おかげさまです」という言葉をかけたいような人は、もう向こう側にいるわけです。遠くに行っているからでもあり、時間的に過去だから見えない。歌はこんなふうに、鬼籍《きせき》に入ってしまった人も含めて目に見えないものに語りかける、そこへ向けて歌われる面もあるのです。

――頭になじんで当たり前になっている歌を、そんなふうに考えたことなかった……。

3番は、「志を果たして　いつの日にか帰らん」、それまでは帰れないんですね。今は新幹線や飛行機ですぐに帰れますけれど（笑）。「いつの日にか」と思うのは時間的に遠いからでもあるし、空間的に近くても、自分の経験、経てきた一生のなかで「遠い」という感覚、いわば向こう側でもあり、そこはまたいのちの源《みなもと》でもあります。「母なる大地」という言葉がありますが、日本人には「ふるさと」はどこか子宮のような、そこから自分が生まれてきた〝もと〟を思わせる。つまり「ふるさと」という歌を日本人が好きなのは、い

私たちのごく普通の経験が宗教に通じている

のちの恵みのもとを感じ取れるからでもあるのでしょう。

「夕焼け小焼け」も少し似ています。「お手々つないで　みなかえろ」、帰る場所があり、それがふるさとであり、父母のもとであり、やはりいのちの源である。死んでいくことをそういうふうに感じるのは、天国や神様の御許《みもと》に行くとか、極楽浄土《ごくらくじょうど》へ行くということと似ているかもしれません。日が沈む真西に西方極楽浄土《さいほうごくらくじょうど》があるので夕陽はいのちの源に沈んでいくように感じる。いま生きている大地、遠そうで近いところにいのちの源を感じている。近くて目に見えない尊いものに感応する、あるいはそれに働きかけるというのはわれわれの経験でごく普通にあることで、それをそのまま「宗教」という必要はないですが、そういうものが宗教に通じている――そんなふうに考えることは、人がもっている宗教心を理解するうえで力になるのではないでしょうか。

――宗教と意識して何かを信じる以前に、誰もが目に見えない何かを信じようとする潜《せん》在力《ざいりょく》をもっている、と。

人間の経験の基盤に宗教に通じるものがある。だから人が宗教をもつというのは、じつはたいへん自然なことである――それが「宗教ってなんだろう」と考えたときに、まず第一に言いたいことです。宗教を現代人にとってまったく理解できない何かというふうに考えるのではなく、宗教を批判している人でさえ、じつはそういう要素をもち合わせているということです。

——特定の〇〇教ではなくても、自分のなかにも宗教的な素質は十分に備わっているだろうことが納得できました。

第2章

宗教はなぜ、どこで、どんなふうに生まれたの？

1 枢軸時代と宗教の起源

――前回、お話を聞いてからお盆にお墓をきれいに掃除してまわったら不思議に気持ちがよくて、このすがすがしさはなんだろうと驚きました。

それは即効《そっこう》でなによりです（笑）。ここからはしっかりとした土台のある宗教のはじまりについての話です。

世界の文明史を考えるうえで、「枢軸時代《すうじく》」axial age という言葉があります。「軸の時代」ともいいます。紀元前８００年から２００年くらいのあいだにイスラエルの預言者《よげんしゃ》、ギリシアの哲学者、孔子《こうし》も含めた諸子百家《しょしひゃっか》、ブッダも含めたインドの哲人……そういう人たちが出てきて人類の精神文化をつくっていったといわれます。

――ほぼ同時期にすごい人たちが一気に出てきたんですね。

もっと広くとると、だいたい紀元前1千年紀に集中していました。イスラームのムハンマドはさらに数百年遅れましたが、イエス・キリストもその最後の時期に入ってきます。「枢軸時代」はドイツの哲学者のヤスパース（1883－1969）の言葉ですが、世界の諸地域で同時期に人類が高次の精神生活をもつようになったと捉《とら》えるのです。歴史や文明を物質的に富の発達として説明するより人類の精神の発達として説明したほうがいい、という考え方で、そこは考え方が分かれるところです。

――それも前に出てきたシンクロニシティなんですか？

ユーラシア大陸が共有している、マルクス主義的にいうと、歴史の発展段階というか、生産力の段階というか、四大文明がある共通の都市国家的なものをつくりだし、やがて帝国的なものになっていく、その一段階ということでしょう。

――すると必然ということですか。

必然に人間の自由と創造力が加わり、人間を超えたものが働いたともいえます。その恩恵として学問や教育が発展しましたが、一般庶民には手の届きにくいものでした。それが、下層の人たちまで参加できる「救済宗教」とよばれるものが広まって、枢軸文明下の社会を底辺から支えました。そこで、人類史上、新たな精神次元を切り拓《ひら》く宗教の起源ということになります。

2 自然と宗教

人によっては、仏教、キリスト教、イスラームといった、いま一般に宗教としてイメージされる「救済宗教」以前の宗教を「自然宗教」だといい、自然に対する畏敬《いけい》の念が根底にある、宗教のもとは人間同士の事柄よりも人間と自然の関係からきているのだとしています。そういう考えは「人間は大いなるものによって生かされている」という感覚とむすびついてわかりやすいですね。宗教のもとは自然の力に対する畏《おそ》れ、尊ぶ気持ち——たとえば太陽の光のおかげで私たちは生きている、自然の運行のおかげでいのちはある、それが荒れ狂うととても生きていけない、自然をなんとか抑《おさ》えるために祈る――であるとして自然崇拝、アニミズムと理解する。神道《しんとう》などはそういう宗教ではないかとも考えられます。

しかし、そういう考えはじつはあまり根拠がありません。一つには、「自然宗教」という西洋の言葉は少し意味が違うんです。「啓示《けいじ》」に対する「自然」という対《つい》から来ています。神から「啓示」されたものは聖書に書かれていて、ある時期に人類に示されたものです。それに対して「自然」は人類にもともと備わっていたもの。理性や感性も人間の「自然」な、つまりは生得の能力で、そこから生まれ育った宗教が「自然宗教」ということになります。その意味での「自然宗教」は人間の理性で捉えることができるたいへん合理性の高い宗教、科学を知った文明人も信じることができる宗教ということになります。

宗教の起源というのはじつはよくわかっていないのですが、少なくとも文字文化や国家などができる前の比較的規模の小さな社会、それほど富の偏《かたよ》りのない社会の段階でも宗教はあったと考えられています。そこで宗教の起源を説明しようとする試みが19世紀の終わり頃に広まりました。提出された答えの一つに「死」があります。これは今も賛同者が多いと思いますが、死に対する恐れや克服したいという気持ちが宗教を生み出した、というのが一つの考え方です。自然崇拝ももちろん有力な答えです。天空、太陽、大地、火、水、風、雨、雷、生命をはぐくむ大地や海――それらを神の働きとして崇めたと捉えるのです。

他方、人と人との対立を超えていく、あるいは暴力を超えていく、という意識が人類の早い段階からあり、これが宗教を生み出したという考え方があります。もともと宗教というのは人間と人間の対立、あるいは暴力的な関係を超えようとするところからできたのではないか、ということです。

3 トーテミズムが宗教のはじまり？

そこで強く打ち出された考え方に「トーテミズム」があります。これが宗教のもとにあったという主張が、19世紀の終わり頃から20世紀の初期の人文学や社会科学で大きな影響力をもちました。その代表的な学者が社会学の父の一人エミール・デュルケム（1858－1917、フランスの社会学者。著書に『宗教生活の原初形態』など）、また精神分析という心理学の一大勢力のもととなったジークムント・フロイト（1856－1939、オーストリアの精神分析学者。著書に『夢判断』など）ですが、じつはその前にジェイムズ・フレイザー（1854－1941、イギリスの文化人類学者、民俗学者）がいました。『金枝篇《きんしへん》』という大著を書きました。金の枝をもち月の神ダイアナの神殿を守る祭司がいて、弱くなると殺され、新しい祭司にとってかわられる。イタリアのローマの近くにネミ湖という湖があって、その地方に伝わる伝説です。フレイザーはこの「金の枝をもつ王」の伝説を手がかりに、文明化される以前の世界各地の神話や呪術や信仰について論じていきます。まずはフレイザーらがトーテミズムという考え方を広め、少し後にデュルケムやフロイトは、トーテミズムこそが宗教の古いかたちだと考えました。

ではトーテミズムとは何か。大きな集団である部族社会がいくつかの氏族に分かれる。その氏族がそれぞれ「トーテム」というものを信仰してまとまっている。トーテムは多くの場合、動物であったり植物であったり、自然に存在する「種《しゅ》」です。「うちは黒蛇《くろへび》氏族である」とか、「あちらは白狐《びゃっこ》氏族である」とか。

——犬がいいなあ。

……犬はちょっと……（笑）。野性性が薄いのでね。オオカミとか、あるいはバッファローでもいいかもしれません。まあそういったものを各々《おのおの》の氏族が掲げている。つまりいくつかの種の名前によって集団が分かれている。そして各集団はその種を尊んでいる。

——やはり動物が多いのですか。

植物の場合もあります。たとえば日本にはキュウリを食べない村があるそうで、それはそこのトーテムだったのではないかという人がいます。

——崇《あが》めるがゆえに食べないのですね。トーテム、というのは日本語にはなっていないのですか。

カタカナでトーテムですね。北米からきています、ネイティヴアメリカンの言葉が西洋語になりました。野球で「タイガース」とか「スワローズ」とか、幼稚園で「うさぎ組」とか「りす組」とかいうのがちょっと似てます。

——トーテムポールですか、カナダとかの公園に立っているような。

そうです。いろいろなトーテムを柱状に表わした崇拝対象ですね。ネイティヴアメリカ

特定のいきものに暴力を集め、そのことへの悔いの念が宗教のもとになった？

ンの文化はアメリカよりカナダで尊敬されていて、博物館などで飾られています。オーストラリア、アボリジニの地域でもトーテミズムが広まっていたとされます。各々そのトーテムを食べてはいけませんが、ただし年1回、お祭りのときにはその動物を殺して皆で食べる、共食をします。動物を殺して神に捧げる行事、そしてさらに犠牲の動物をともに食べる行事は世界各地にあって、供犠《くぎ》ともいいます。

――生贄《いけにえ》とはまた違うのですか。

同じですね、アイヌの熊祭りの熊などもそうです。これがトーテミズムのいちばん大事な儀礼で、殺される生きものが神のもとになったというのです。つまり供犠が宗教の根本にあるとする考えともいえます。ではなぜ供犠をするのか。お互い同士で暴力をふるわないために特定のいきものに暴力を集める、そしてそのことに対していわば悔《く》いの念をもつ、それが宗教のもとになっているというのです。

――なるほどー。

デュルケム的にいうと、そもそもなぜ人は社会というものをつくることができるのか、それはなにか社会にあたるものに敬意を集める、つまり社会のしるしを崇拝することによって団結できるというのです。たとえば国旗などもそうです。近代になれば国家が団結するときに歌をうたったり旗を振ることで盛り上がったりする、昂揚《こうよう》しつつ一体感をもつことを「集合的沸騰《ふっとう》」といったりします。私も息子と抱き合うなんてことはめったにありませんが、サッカーのワールドカップで日本が得点すると、つい抱き合ったりします。

――えーっ、そこまでしますか（笑）。でも選手たちは大っぴらに抱き合っていますね。

そういうことも、もとは神への崇拝につながったとされます。逆に、お互いの間で向け合っている力をいわば昇華して神に向ける、そのときに憎しみや怒りの念、暴力的なものを特定の対象、生贄の羊などに負わせる――スケープゴート（身代わり）ですね。もともとは人を犠牲にしたかもしれない。何かコンフリクト（葛藤《かっとう》）があるときに、特定の人に罪を負わせ、あたかもその人がすべて悪かったかのようにして皆が知らんぷりを決め込んで楽になってしまう、というメカニズムがわれわれの心理にあります。

犠牲にされる動物は神の身代わりのようなもの

――そういえば東京都知事だった舛添《ますぞえ》さんがあっという間に辞任に追い込まれました。

まあ、それに限らずわれわれはしょっちゅうやってますね。そうではなくて、犠牲に対する悔いの念と感謝と謙虚さを神に向ける、これが宗教のもとなんだという考えです。神様に動物を捧げるということですが、犠牲にされる動物は神の身代わりのようなものだというわけです。

――でも犠牲をやっつけるときって、周囲は異様に結束しますよね……なにか、いじめにつながりませんか。

そうですね。フロイトはこれを親子の対立から考えました。つまり子どもは父親に対して強い愛をもつと同時に、隠された憎しみをもっている。エディプス・コンプレックスといいますが、父親に押さえつけられていながら、他方で父親のようになりたい、じつは父親を殺したい、という隠された願望さえもっている。それに加えて、兄弟同士というのも危ない。誰が卓越して力を握るかで張り合い警戒《けいかい》し合っていて、いつもライバル同士です。聖書でいえば、ヨセフの物語では末弟《まってい》のヨセフが兄たちの嫉妬《しっと》を受けていじめられますし、カインは弟のアベルを殺します。原始社会、まだ類人猿的な段階から人類社会に変わっていく過程で、ダーウィンの生物進化説を使ったりしながら説明されるのですが、人類には——たとえばゴリラは親分ゴリラが他のオスを追い出して多数のメスを抱え込んで群れをつくりますが、人間もすぐそうなりそうですよね（笑）——そういう段階において兄弟同士で争い合う、それをなんとかとめなければならないというときがあった、そのときに親を殺したのではないかと。親を殺すことによって逆に兄弟たちが団結する、という経験があったのではないか、それ以来、父なる神を崇拝し「殺してはいけない」というルールをつくった、というのが「トーテムとタブー」というフロイトの大胆な仮説です。

——一回やってしまって後悔する、というプロセスを踏んだわけですか。

そう考えたのです。だから人間のなかにはいつも、罪を犯してしまった自分を悔いているという心理があり、それは父親に対する憧れの念と結びついてもいる。心のなかに禁止する存在が居《い》すわっていて無意識のうちに欲望を制御《せいぎょ》し、罪意識をよびさます。これを「超自我《ちょうじが》」といいまして、それは子どものときの父の像が心のなかに埋《う》め込まれたのでは、とも言われますが、それにしては強すぎるので、人類が太古から蓄《たくわ》えた何かではないか、これがフロイトの考えです。

――韓国のロッテグループの骨肉《こつにく》の争いを思い出します。

ああ、やってますね（笑）。大塚家具や大戸屋《おおとや》のお家騒動もあります。それらは財産のことでごちゃごちゃと、縄張《なわば》りなども絡んできますが、要するに人間同士の争いの気持ち、お互いをライバル視したり、抑圧《よくあつ》・被《ひ》抑圧の関係でいじめたり反抗したり、そういった争いのこころが平和をもたらさない根本原因ですよね。これを克服するというところからトーテミズムができた、というわけです。そしてトーテムを殺す儀式は、じつは父を殺した太古の記憶を再現している、というのがフロイトの説なんです。これは彼自身も「自分なりの神話に過ぎない」と言っていまして、事実だと信じていたわけではない。ただ人間同士の暴力をなだめる、制御する、しつけるために宗教ができ、儀礼ができた。そういうものとして生贄の儀礼などがある――というのはかなり魅力的な考えではないでしょうか。ですからデュルケムとフロイトの説は微妙にずれてはいますが、相通じています。

ただ、その後どうなったかといえば、もはやトーテミズムなどはある時代の学者たちが勝手につくったもので、そんなものがあったという証拠はない、というのが今の理解です。

レヴィ＝ストロース（クロード、１９０８－２００９、フランスの文化人類学者）が１９６２年に『今日《こんにち》のトーテミズム』という本を出して、だいたい解決したことになっています。

――あら、そうなのですか。

④ トーテムとイエスの死

ですが、トーテミズムをもとにしたデュルケムやフロイトの説は、まったく意味がなかったかというと、じつはそうではないと私は思います。これはとても興味深い話ですが、デュルケム、フロイト、レヴィ＝ストロースの三人ともユダヤ人なんです。古代のユダヤ教では動物の生贄の祭があって燔祭《はんさい》と訳されています。今でも生贄があるのはイスラームで、大事な儀式になっています。対してキリスト教は動物を殺す儀式はありません。そのかわり、イエス・キリストが殺された出来事をずっと記念しつづけている。ですから、トーテミズムというのは十字架のイエスとかなり重なる話と見ることができる。つまりイエスを生贄にすることによって、人類は罪から清められ、相互暴力を克服した。そこで、キリスト教の教えに対応するようなものが、キリスト教よりはるか前の人類の文化にあったのだ——トーテミズム論はこう説いていることになるわけです。

——……わかるような気もします。

ユダヤ人の明敏《めいびん》な学者だったデュルケムやフロイトが、そういうものを感じ取っていたといってもいい。さらに、レヴィ＝ストロースの考えを批判するルネ・ジラール（1923−2015）という学者がいまして、1972年に『暴力と聖なるもの』という本を書いて、もう一度フロイトやデュルケムの説に妥当性《だとう》があるとしています。この人はキリスト教徒で、ドストエフスキー作品に独自の解釈を提示した文学研究者なのですが、結局、暴力を克服できるのは宗教しかないと論じます、繰り返し殺し合いを経験してきた原始人がそれを克服するために、とくに父殺しを経験することによって宗教という制度がなりたち、それをキリスト教がむしろ現代に伝えている、したがってキリスト教こそ平和のもとになる宗教だ、という考え方です。

キリスト教の一番大事な儀式は聖餐《せいさん》です。聖体拝領《せいたいはいりょう》、つまり最後の晩餐《ばんさん》のときにイエスがパンと葡萄酒《ぶどうしゅ》を自分の肉と血であるといって、それを食べなさいという。これはまさにトーテミズムでいうところの共食、犠牲の動物を皆で食べるということですね。そういうふうにして自分のなかの暴力の気持ちを克服し、平和と愛のいのちをキリストから受け継いで自分のなかに取り込む儀礼としてみることができます。

――すごく説得力あります！

あ、そうですか？（笑）ふつうあまり感動しない人が多いのですが、私はそれなりに説得力があると思っているので、そう言っていただけるとありがたいです（笑）。

宗教のなかの掟《おきて》の側面、罪を悔いる、悔い改めるという、自分のなかの悪を自覚し、克服しようとする側面が重要であって、なにかを崇拝するというもとには、人間自身の弱さとともに暴力性、お互いが争い合うような側面を克服するということがあった、という考え方は説得力があるように感じます。いまだにそれは、先に述べたキリスト教や仏教やさらに天理教などのように、心をおさめ、人に対して愛と思いやりの心をもち、平和な関係をつくろうとする教えに生きています。暴力を鎮めることが宗教の重要な特徴であることをトーテミズム論が指し示しているわけです。

宗教の根っこには人間の弱さ、暴力性の克服があった

5 救済宗教の誕生

ところで、第1章の冒頭でも述べたように、そもそも宗教について話がしにくいのは、「宗教」という言葉の指すものが何かということについて、必ずしも共通理解が成り立っていないことに一つの理由があります。後にもふれますが、「宗教」という日本語は明治維新のときに religion という西洋語の翻訳語として使われるようになった、そのことが影響しているでしょう。religion はキリスト教をもとにした言葉ですから、キリスト教のような宗教が宗教の原型と思いがちです。ならば儒教《じゅきょう》は宗教か、神道はどうか、となると、時にはすっきりあてはまらなくなって、いまはそのために「宗教」の語句が使いにくくなっているようです。たとえば、宗教はまとまった教義をもっていなくてはならないのか？神道やヒンドゥー教は、必ずしも誰かが何かしら教えを説いたから始まったわけではありませんし、共通の教義にあたるものがあるのかもよくわからない。逆に、教祖《きょうそ》がいて、教義がはっきりしていて、ある時期に始まったものが、いちばん宗教らしくみえます。

――すごくそういうイメージがあります。

教祖がいて始まりや輪郭《りんかく》がはっきりしている宗教の例としては、キリスト教、仏教、イスラーム、ほかにシーク教やモルモン教、天理教やバハイ教、ＰＬ教やオウム真理教、幸福の科学とか中国の法輪功《ほうりんこう》、みんなそうです。なかでキリスト教、仏教、イスラーム以外は、千年以上も前からある伝統的な救済宗教が土台になって新たにできた、教祖はいても新しい時代の宗教ということで、「新宗教」と呼んだりします。すると、新宗教以前の、教祖がいて体系的な教義もあり、輪郭がはっきりしているような宗教といえば、キリスト教、仏教、イスラームですね。これを「世界の三大宗教」、また「世界宗教」world religionともいいます。世界に広まっている、一地域だけではないという意味です。儒教は中国文化圏、漢字文化圏より外へはあまり広まっていない。ヒンドゥー教はインド以外にはそう出ていない、ユダヤ教もほぼユダヤ人に限られている、神道も日本の外ではほとんどない、こういうのは世界宗教じゃないんですね。いま挙げたなかで、儒教は孔子という教祖がはっきりいますが、世界宗教というには広がりに欠ける。

――ワールドワイドな規模でないと世界宗教とは呼ばない？

はい。その意味で世界宗教といえばキリスト教、仏教、イスラームですが、これらは「救済宗教」salvation religion の代表的なものです。またこの三つは歴史的に偉大な宗教伝統となったという意味では「歴史宗教」historic religion ともいいます。

――世界宗教でもあり、救済宗教でもあり、歴史宗教でもある……なんかややこしい？

救済宗教が、歴史宗教と新宗教に分けられるんです。歴史宗教と世界宗教はだいたい同じです。

――歴史宗教と新宗教は時間的な区別で、規模的

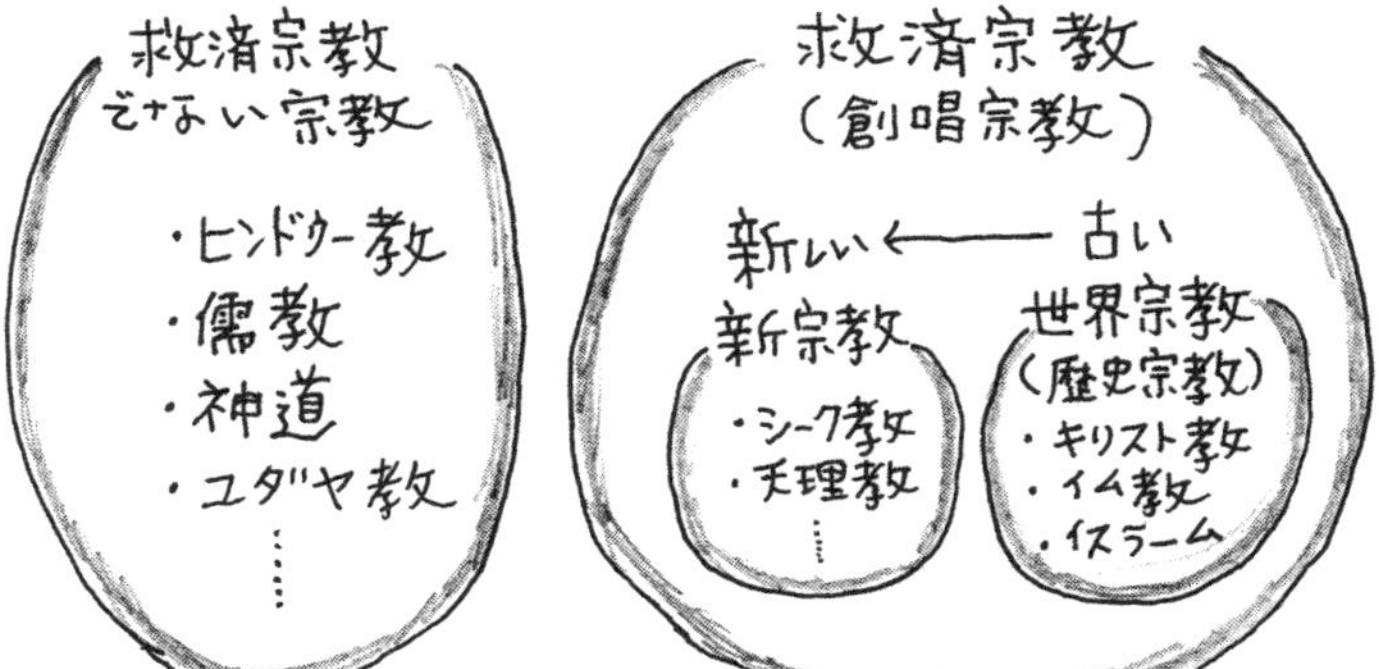

な意味で歴史宗教は世界宗教で、性質的にはともに救済宗教……そもそも救済宗教って？

これからその話をします（笑）。教祖がいて教義があるのはだいたい救済宗教とされますが、ではなぜ「救済」宗教なのかというと、「人間とは救われなくてはならないもの」という前提があるからです。人はそういう重大な限界を抱えている、あるいは容易に超えられない限界に出遭《あ》わざるを得ない。だからこそ、救われることを必要としている存在であるということです。

――もともと人間は救われていないもの、なのですか？

そう考えられました。人間や人間が生きているこの世には解決できない重い限界がある、それに直面して人は生きなくてはならない。しかし、その状況を超えることがあり得る、つまり「救い」がある、そのことを教えるのが救済宗教なんです。

――どんなふうに？

それぞれの教祖の説く「真理」を通じて人は限界を超え、救われた状態に至ることができる、と。

——そこで教祖が出てくるのですか。

そうですね。それまでは限界状況から脱する道が見えていなかった。しかし、教祖が登場することによって真の救いの道が見えた。それは一大転換なんです。一人ひとりの人間のなかでも、その宗教に出会うということは、真理を知らない状態から究極の真理を知る、救いがわからない状態から救いが見えてくる。これを「回心《かいしん》」といいます。

——でも、古代ギリシアやローマなどの人たちは快楽的で、悩みなどなさそうなイメージもありますが……。

人類が深刻な苦悩を強く意識したとき救済宗教は生まれた

人類が深刻な苦悩の存在や救いの必要性を強く意識するようになってくることと、救済宗教が生まれてくるのが同時的だったということです。『宗教的経験の諸相』で知られるウィリアム・ジェイムズ（１８４２－１９１０、アメリカの哲学者・心理学者）は「幸せな魂と病める魂」あるいは「一度生まれ型と二度生まれ型」といって、人間には2つのタイプがあると論じました。救いなどを考えなくても済む人と、行き詰まりを感じて救われない状態を意識し、そこから新たな悟りへとブレークスルー体験をする、つまり2度生まれする人がいる、そう述べています。これをborn again、生まれ変わりと言います。その考えでいうと、救いを求めない人がいるとしても、少なくとも苦しんで救いを求める人にとって、救済宗教は生まれ変わりの経験をさせる、宗教に出会ってからの人生がそれまでとは根本的に違ってくる。そのような生き方の根本的な転換を教える。病める魂をもち、大いなる限界に出会い呻吟《しんぎん》することを通じてこそ新しい境地に至れるというわけです。

――救いを必要とする心が宗教を呼び寄せた感じですね。

歴史的に見れば、教祖の出現によって人類は大きく転換した。真理や救いを知らない状態であった人類が究極的な真理を知るに至った、こういうことを説くのがいちばん宗教らしい宗教であって、それが「救済宗教」となるわけです。すると救済宗教でない宗教もある、ということになります。たとえばユダヤ教、ヒンドゥー教、道教、神道のなかには救済宗教に通じる要素もありますが、そうでない面がむしろ大きいです。また救済宗教はす

教祖の出現によって
人類は大きく転換した

べての人は重大な限界を抱えていて救われるべき、また目覚めるべき存在で、平等だとします。そこで、その教えを広めることを善とみなして、回心する人を増やしていこうとする面があります。広まると今度は、他の宗教が否定され、それまでにあった宗教が追い出されるようになります。「人は皆平等」の普遍《ふへん》主義が拡張《かくちょう》主義や排他《はいた》主義を招く結果になるわけです。

――それまでにあった宗教というと、アニミズムとかトーテミズム？

多神教やアニミズムなどですね、そこには明確な救済の教えはなく、教祖もいない。困った状態をよい状態に変えるにはどうするか、という儀礼や方法はあっても、救いというほど決定的な転換をもたらすとはみなされず、人間の生き方全体に関わるような大きな変化、大きな区切りめはない。むしろ民族や地域文化によるまとまりを重んじる。内側だけでまとまっている。これは内と外の差別の一因にもなります。いっぽうで、救済宗教は外側へと拡張をしていこうとし、自分たちの教えを受け入れない人を低くみなしたり、差別するようになる。なかには敵対感情を抱くようになって排他的な行為に出たりする。どちらも信じる者と信じない者との対立が生じ、宗教が暴力につながっていく原因となります。

——救いを求めていたのに、回り回って暴力を生むなんて悲劇です。

ですから救済宗教は「悪」や「苦」にこだわり、暴力にこだわる宗教ともいえます。そして強く意識するがゆえに、それらを克服しなくてはならないと教える。しかし、それがまた対立と暴力を生むのですが、いつかその循環《じゅんかん》を超え出ることができないか、模索《もさく》が続いていています。

——なにか堂々めぐりのような。少なくとも今は生きていれば苦しみはつきものにも思えますが、かといって宗教を必要とするかどうか……程度もまちまちですよね。

世界にいま、救済宗教がどれくらい広まっているでしょうか。宗教をまったく必要としないという人との割合は、まあ救済宗教のほうがだいぶ優勢ですね。

——強く信じる人と、なんとなく傾倒している人の濃淡《のうたん》もずいぶんありそうです。

そうですね。いずれにしろ「宗教」と一般的にいうときには救済宗教をイメージする傾向がある、それはキリスト教の影響を受けた言葉だからということもありますし、いかにも宗教らしい宗教というか、「救済」と「宗教」が連想されやすいからですね。

「救いたまえ」のイメージ！

それはキリスト教の「主《しゅ》の祈り」からくるイメージですね。「天におられるわたしたちの父よ、み名が聖とされますように。み国が来ますように。みこころが天に行われるとおり地にも行われますように。わたしたちの日ごとの糧《かて》を今日もお与えください。わたしたちの罪をおゆるしください。わたしたちも人をゆるします。わたしたちを誘惑におちいらせず、悪からお救いください。国と力と栄光は、永遠にあなたのものです。アーメン」。

キリスト教では「罪」（生まれながらにもつ原罪《げんざい》）が人間の限界の最たるもので、それが赦《ゆる》されることが救いです。イエス・キリストは十字架にかけられることによって人類の罪を購《あがな》いましたから、人はそれを信じることで救われるのです。

また仏教では「苦」を逃れられないことが人間の限界です。その苦を脱する教えを「四《し》諦八正道《たいはっしょうどう》」という言葉で表わします。四諦というのは、人間は苦悩する存在だという真理（苦諦《くたい》）、それはものごとに執着《しゅうちゃく》する煩悩《ぼんのう》が原因である真理（集諦《じったい》）、その煩悩を滅した涅槃《ねはん》という仏の状態を目指すべきだという真理（滅諦《めったい》）、そのためには八つの正しい生き方に従うべきだということ（道諦《どうたい》）を指します。八つの正しい生き方というのが八正道ですが、それは正見《しょうけん》（正しいものの見方）、正思惟《しょうしゆい》（正しい思考）、正語《しょうご》（正しい言葉づかい）、正《しょう》

〈世界の宗教分布〉
（それぞれ、多い地域）

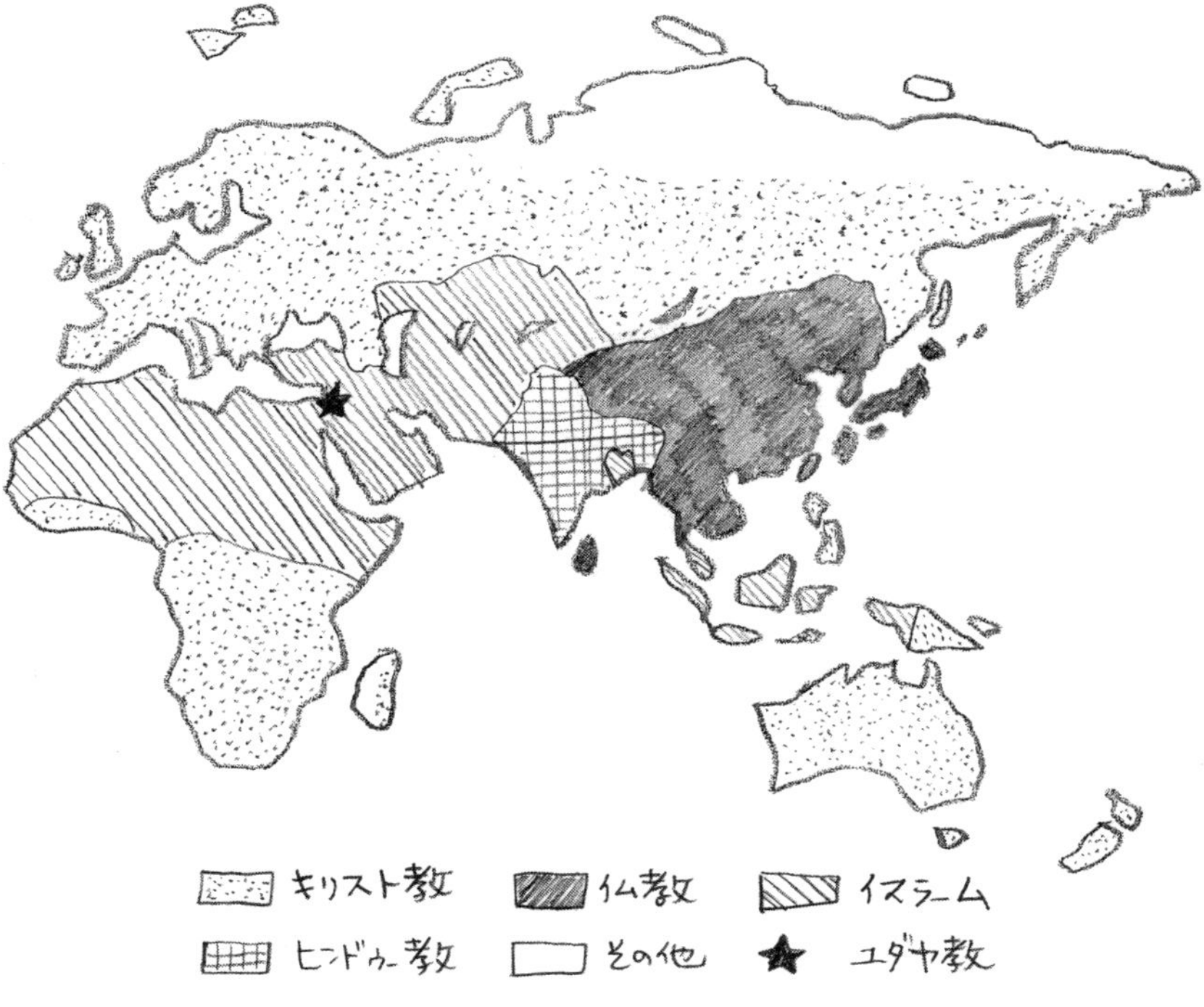
キリスト教
仏教
イスラーム
ヒンドゥー教
その他
ユダヤ教

業《ごう》（正しい行為）、正命《しょうみょう》（正しい仕事）、正精進《しょうしょうじん》（正しい努力）、正念《しょうねん》（正しい自覚）、および正定《しょうじょう》（正しい瞑想《めいそう》）ということです。仏教にはさらに、のちに述べますが自分が悟るだけでなく他者を救う菩薩行《ぼさつぎょう》があります。そこでは「四弘誓願《しぐせいがん》」＝衆生無辺誓願度《しゅじょうむへんせいがんど》〈すべての衆生を悟らせよう〉、煩悩無量誓願断《ぼんのうむりょうせいがんだん》〈すべての煩悩を断とう〉、法門無尽誓願学《ほうもんむじんせいがんがく》〈仏法のすべてをまなぼう〉、仏道無上誓願成《ぶつどうむじょうせいがんじょう》〈無上の悟りに至ろう〉を誓います。「誓願度」の「度」は「済度《さいど》」ということで、「救いの彼岸《ひがん》に度《わた》す」という意味です。「四弘誓願」は大乗仏教の救いの教えをまとめて表現しています。

イスラームでは、人間は誤りやすく神の怒りを買うかもしれないことが決定的な人間の限界であり、それを許してくださる神に救いを願うのです。

6 真理とは何か？

——それぞれの宗教で、救いを求めるもととなる苦しみに特徴があるんだ。

「真理」と「救い」には相通じるものがある

――でも、そんなに求められる「真理」って、そもそも何なのだろう?

「真理」と「救い」はだいぶん違うもののように響くのですが、絶対的なもの、究極的なゴールというふうに考えると、この2つは相通じるものがあります。その前に、まず問いがありますね。どうしてこんなに苦しまなければならないのか、なぜあんなにいい人が辛いめに遭ったり、死ななきゃならなかったのか、など。そういう問いを完全に振り払ってくれるような答えがあるとすれば、それは「真理」や「救い」という言葉でいえるものだと思います。「真理」や「救い」は、伝統的な宗教からみると、それこそ宗教が教えてくれるものなのです。――といっても現代人は「そういうものがあるかなあ?」と距離をとってしまう、私自身がそうです。距離をとらざるを得ない人が増えてきたのも確かでしょう。

――昔の人は、素直に「真理」や「救い」を信じられたってこと?

ええ。たとえば、死んで最後は天国に行ける、神の御許《みもと》に行ける、成仏《じょうぶつ》して極楽浄土に往生してそこで仏になれる……これらは死んでどうなる、という問いへの最後の答えです。それが「救い」といえるものであるのか、むしろ「真理」といったほうがいいのか。

——それって、すべての宗教に共通しての話？

それぞれの宗教がそれをどう表現するかは異なりますが、人間の生き死にをめぐる問い、正しい生き方をめぐる問いには最終的な答えがある、というのは救済宗教の重要な特徴です。もしそれがないと、何が正しいかということもふらつくでしょう。それがあれば、物事の判断の基準、あるいは生き方の道筋もはっきりするはずなんですね。

——すると、最終的な答えの違いが宗教の違いということ？

そう言ってもいいかもしれません。たとえば古くから「人間は mortal《モータル》 なもの、死すべきものだ」という考えに対して、「魂は immortal《イモータル》、不死のもの」という観念がありました。これは「永遠のもの」、どんなときにも変わらないもの、いわば「絶対のもの」に通じます。それをつかむのが哲学であり、宗教であり、つまり真理の追究だと考えられたのです。

この考え方はやがて科学に受け継がれ、科学を通して究極の真理をとらえる、という感覚は現代でも残っていると思います。マルクス主義などは、科学を通して人類社会の未来がわかる、科学的唯物論こそが人生の指針をも与えると捉《とら》えました。人びとは、物理学であったり歴史学であったり、科学を通して究極の答えに至ろうとしてきました。ただ次第に「科学からは人の生きかたはとらえられない」と感じられるようになりました。かつて神学と科学が一体であった時代もありました。そんなことはあり得ないと悟ったのが、たとえばカント（1724－1804、ドイツの哲学者）で、自然についての知識とは別のところに究極の真理があるという立場をとりました。今でも哲学を真剣に勉強する人は哲学のなかにこそ永遠の問いに対する答えがあるという考えの影響を受けついでいるでしょう。

――永遠の問いというのは、「なぜ人は死ななきゃいけないのか」とか……。

たとえばそういう実存的な問い、つまり自由な個人であるあなた自身が応答せざるをえない問いです。それに対して、いま生きていくうえで絶対に揺るがない、生き方の指針を示してくれる最後の答えがあって、それは真理というものから与えられる。そして救済宗教の場合、それは「救い」をめぐる真理と切り離せないのです。

――するとそうでない立場もある。

科学を通してでは究極の答えは得られない？

たとえば哲学では「真理」が問われるけれども、「救い」ということは特にいわなくてもいいでしょう。

——ふーん、すると真理というのは宗教に限らず、どうしても人が求めるものなんだ。

ですから宗教が広く信じられた時代、近代以前といっていいでしょうが、学問が求める真理と宗教が求める真理はどこかで一致するはずだと感じられていました。ただ、哲学や科学は次第に部分的な真理になってきて、今ではそれぞれ特定のある限られた目的のための答えを提示すると考えている人が多いと思います。さらに20世紀も後半になると、宗教のもつ答えも「信じる人にしか通用しない」と多くの人が考えるようになりました。求める究極の知が相対化されてきたわけです。

——宗教を信じられる人が減ったのかなあ……「信じる能力」とか「信じられる資質」をもった人が少なくなってきた？

いまは信仰を前提にしない考え方で動く社会の領域が増えてきたといっていいでしょう。

7 二重構造と〝宗教の定義〟

救済宗教はやがて世界的な広まりをもつようになりました。ところが東アジア、とくに日本などでは、救済宗教になじまない、それとは異なる精神文化が自分たちを支えているという考え方があります。東アジアの文脈《ぶんみゃく》でみると、一方で儒教があり、他方に大乗仏教《だいじょうぶっきょう》（後で詳しく説明します）がある。大乗仏教が救いの教えを代表し、儒教は大乗仏教をも利用しながら社会を治める知識人層といいますか、治める側の教え、としてある。君子《くんし》の教えですね。政治的に、あるいは知識面でより大きな責任を負うがゆえに真理を求める人、その君子のための教えです。

――上の人ということですね。

ええ、社会の指導層です。そういう儒教の影響の強い社会では、儒教以外のいわゆる「宗教」は知性の劣った下々の人たちのものだという考え方がある。治められる側が、儒教からみるとやや非合理な、信じなくてもいいようなことを信じている、というふうに受け取られる。日本では、江戸時代は儒教が重んじられましたが、明治以降はそこに国家神道が入ってきます。国家神道は治める側からみた日本の国の基本的な精神文化として構想され、それぞれの人は国家神道以外の宗教をもってもいいけれど、社会は共通に天皇崇敬《すうけい》を柱とする神道でまとまらなくてはならない、という考え方が明治政府の立場になりました。

――併存しているのですか。

これを私は「二重構造」と呼んでいるのですが、東アジア的な二重構造というものがあり、日本の場合は近代になって国民すべてが従うべき国家神道と人びとがそれぞれに従う諸宗教――その中にはキリスト教があり、仏教も教派神道も新宗教も民俗宗教もあります――という構造になってきたとみることができるでしょう。いっぽうで、東アジアには「三教」という考え方があります。中国では「儒・仏・道」(儒教・仏教・道教)、日本では

「神・儒・仏」（神道・儒教・仏教）でしたが、近代には「神・仏・キ」（神道・仏教・キリスト教）となります。そのうち儒教と仏教、あるいは神道と仏教は競い合う教えの体系ともみなされます。整理すれば、東アジア人や日本人には儒教と大乗仏教、あるいは神道と大乗仏教は、教えとして並び競い、ときには合体したりする。儒教と仏教は「教」としては対等ですが、国家の「教」と民衆の「教」、つまり「宗教」とは持ち場が違う。治める側からみれば「宗教とは治められる側のもの」——という考え方が染《し》み通っているんです。

「宗教は治められる側のもの」という考えがあった

江戸時代には「宗門《しゅうもん》」「宗旨《しゅうし》」という言葉があり、「宗門」は仏教の諸宗派が典型的で、君子であるべき政治的エリートがしっかり見張っていなくてはならない。キリスト教などは「邪宗門《じゃしゅうもん》」とよばれ、「危ないもの」「よこしまなもの」の最たるものとみなされました。ですので、日本人が「宗教」を考える場合、西洋の用語からきたキリスト教文化のバイアス（偏《かたよ》り）と、儒教や国家神道の影響を受けた東アジアあるいは日本の宗教の捉え方のバイアス、その二つのバイアスを自覚しながら考えていく必要があります……この話はややこしいから あまり考えなくていいでしょう。

——たしかに頭がこんがらがってきました……（笑）。

ともかく、そういうものをも、つまり救済宗教もそうでない宗教もひっくるめて宗教を定義するとき、「聖なるものをめぐる観念や実践の体系」といえばよいかと思います。「聖なるもの」というとき、慈《いつく》しみ、思いやり、いのちの恵みなどのもととなるという意味があると同時に、苦しみや悲しみ、死や悪や暴力、辛い経験、など反対のものがあるからこそ尊いものが尊くみえる、という面が不可分《ふかぶん》で、それらをまとめて「聖なるもの」を理解する、それはまたふつうの合理的な知識や経験を超えた特別な経験として得られるものと理解すればよいかと思います。

――いろいろな宗教に共通する便利な定義という感じでしょうか。

そうですね、すごくアバウトともいえます（笑）。救済宗教にもそれ以外の宗教にもあてはまる言い方としてそう定義できるということです。そして「聖なるものをめぐる観念や実践の体系」はまとまったものとしてあるので、多くの人が共通に実行できるというわけです。

一つ加えておきますと、救済宗教では、人は誰でも信仰をもつことによって救いに至る道が開かれるのですから、身分や境遇に関係なくすべての人がその点で平等ということになります。もちろん教義や信仰について指導する立場の人と、教えられる立場の人はいますが、それも近代になるにつれて、聖職者つまり出家した人と在家《ざいけ》の俗人とを区別しない霊的な普遍主義、平等主義がだんだん強まってきました。

——どこか民主主義みたいですね。

救済宗教と民主主義は関連が深いです。キリスト教文明の西洋から近代民主主義が広まったのは理由がないことではないでしょう。

8 さまざまな新宗教

——ところで新宗教というのは、どういうものなのですか?

ひとことで言えば、近代になって出てきた民衆中心の新しい救済宗教のかたちです。教祖個人のこの世での救いの経験をもとにしたり、病気や貧困などの日常の問題を超自然的な力で解決しようとしたり、さまざまに歴史宗教とは異なる独自な面をもっています。日本では「新興《しんこう》宗教」とも呼ばれています。欧米ではモルモン教やエホバの証人、キリスト教科学、バハイ教などがよく知られますし、日本では19世紀のはじめから多くの新宗教が生まれました。如来教《にょらいきょう》や黒住教《くろずみきょう》などに始まり、天理教や金光教《こんこうきょう》、さらに大本教《おおもときょう》。また1930年代から60年代には創価学会《そうかがっかい》や立正佼成会《りっしょうこうせいかい》といった法華系《ほっけけい》（日蓮系《にちれんけい》）のもの、世界救世教や生長の家といった神道系の新宗教が興《おこ》って大きく発展しました。西洋の新宗教が孤立した教団生活をつくろうとするものが目立つのに対して、いま挙げたような日本の新宗教は、現世での幸福を重視した救済観が多かったのが大まかな特徴といえそうです。

次は、救いを求めて生まれた宗教が、どんなふうにそれを実現しようとしたか、それはうまくいったのか、どんな問題がみえてきたのかを、おもに仏教を例にみていきましょう。

第3章

宗教は人を救ってくれるの？

1 ブッダはなぜ出家をしたのか？

仏教のなかでも、わたしたちに比較的なじみのある大乗仏教では、厳格に戒律《かいりつ》を守ることはそれほど重んじられていません。それでも禅宗《ぜんしゅう》にはそういうところがありますし、日本以外の仏教では飲酒や僧侶が妻帯《さいたい》しないことなどは重視されています。日本の仏教は形の上で戒律を重視しない点で際立《きわだ》っていますが、それでも欲を慎《つつし》み暴力を抑《おさ》えるという戒律の精神は伝えられているのではないかと私は考えています。それに関連して、なぜ出家をしなければならないのかについて考えてみましょう。

出家するにはまず得度《とくど》（仏門に入る）し、次の段階で受戒《じゅかい》をします。受戒というのは戒律を守る誓いをすることでもあり、この儀式は非常に厳粛《げんしゅく》で重要です。戒律には肉食妻帯《にくじき》をしない、飲酒しない、柔らかいベッドで寝ない、歌舞音曲《かぶおんぎょく》を楽しまない、などいろいろとあります。食事も1日2回、タイでは今でもそうで、午後になると翌朝まで何も食べません。出家すると在家信徒が守るべき戒《かい》よりずっと厳しい戒を守らなくてはならず、そのうえに細かな規則である律《りつ》も守らなくてはなりません。そこまでして、何のために出家をするのでしょう……わかりますか？

――自分の欲望を抑えるため？

そうすると、どんないいことがあるのでしょうか。

――忍耐力がつく……？

ははあ、すると忍耐力をつけるために出家をする？

――好き放題していると、人は暴力的になっていくからでしょうか？

それを言われてしまうと、私の言うことがなくなってしまいます（笑）。

――あはははは。前回教えていただいたので。

悟《さと》り、つまり迷いがなくなり、真理を会得《えとく》した状態に近づいていくためには、欲望にふけって気を散らすとよろしくない、ますます物欲に気持ちがいってしまう、そういうことを避けるために戒律をしっかり守る。また僧院に入れば共同生活で、「律」は僧院のルールの側面が強く、それに従うことが暮らす基本となる。ちなみに僧侶の集団をサンガ（sangha＝サンスクリット語）とも言いますが、サンガは仏教徒全体の共同体を指す場合もあります。〔仏教の最初の経典はインドの文章語であるサンスクリット語（日本では梵語《ぼんご》と呼ばれる）で書かれ、南方仏教では方言・俗語のパーリ語となる。主な経典はサンスクリット語、パーリ語、チベット語、中国語がある〕

確かに、気を散らさず修行に専念する、できるだけ集中して修行ができるよう、それを集団として行なえるように戒律を守る、出家することの意味にはそういう側面もありますが、それだけでは説明の力が弱いように私は思います。

ところで「仏法僧《ぶっぽうそう》」――鳥の鳴き声のようですが（笑）――という言葉があります。「篤《あつ》く三宝《さんぼう》を敬《うやま》え」と聖徳太子《しょうとくたいし》も十七条憲法《じゅうしちじょうけんぽう》で述べていて、その「三宝とは仏法僧なり」という。仏さまが尊いのはわかります。法（サンスクリット語でダルマ dharma といい、「真理」のことです）が尊いのもわかる。でも僧が尊いとはどういう意味なのか。ここは重要なところです。今もタイやスリランカでは、人びとは僧侶に向かって手を合わせる、托鉢《たくはつ》をすれば僧侶に対して食物などの捧げものをすることが大きな喜びである、それほど僧侶が尊ばれます。自分の子どもの数が多ければ1人は僧侶にしたいと思う。これも捧げるということです。仏教にはサンガが尊いという考えがあって、それは戒律を守る生活をし、真理のほうへ向かっていくからです。僧が尊ばれるのは、聖なるものにわが身を捧げ、仏のほうに近づいていく存在だからです。

2 四つの門と母の死

ではなぜそれほどサンガが尊くて、人は出家をするのか。それを知るにあたって、仏教の創始者であるゴータマ・ブッダがなぜ出家をしたのか、から考えてみましょう。

――そもそも当時、出家という概念は広く共有されていたのですか?

そうですね。ブッダは紀元前5、6世紀の人ですが、この頃からインドでは出家が行なわれるようになりました。出家する人を「沙門《しゃもん》」ともいい、自分の家をもたず、放浪したり共同生活をしたりしながら真理のために生きる。つまり家族をもたない、経済活動をしない、安全な生活を守り、欲望を満たす富を蓄《たくわ》えることをしない、ということです。やがて歴史上の仏教教団は、家族はもちませんが経済活動をし、富も蓄えるようになってきます。しかしそれは出家生活をするための施設の運営にすぎず、本来は富の蓄積を目指したものではなかったでしょう。

ブッダ、ゴータマ・シッダールタとも呼ばれますが、彼は小さな国の王子でした。妻も子もいて幸せな境遇で高い地位にあるのに29歳で出家をしました。

――なぜ……でしょう。

理由はじつはよくわかっていません。ただ「四門出遊《しもんしゅつゆう》」といい、豪華な宮殿に住んでいたブッダが4つの門から外の世界を見た、その経験から出家を決意するに至ったと言われています。4つの門は東西南北を指します。最初の門を出ると老いさらばえた年寄りがいた、次の門を出ると病気で苦しんでいる人がいた、3つめの門を出ると死人がいた、そして4つめの門を出ると静かに修行をしている人がいて、これを素晴らしいと思った――という言い伝えです。

――そういうことに気づくきっかけ、というか、心に抱えていたものがあったのかな。

なにか憂愁《ゆうしゅう》にとらわれていた……と言うとちょっとかっこいいですね（笑）。

――幸せすぎて「これでいいのか」と……もしかして、うつ病ですか。

ああ、そういったほうがわかりやすいかもしれません。ただ考えようによっては、奥さんも子どももいるのに冷たいじゃないか、自分が真理に近づきたいからといって家族を捨てるわけですから人情が薄い、ともとられますよね。ですから、何かもうひとつ動機がすっきりしないと感じるわけです。そこでブッダの伝記を見直してみると、ひとつにはブッダが生まれてすぐにお母さんの摩耶夫人《まやぶにん》が亡くなったんですね。それで叔母《おば》さんに育てられることになります。「天上天下唯我独尊《てんじょうてんげゆいがどくそん》」（ブッダが生まれた時、一手は天を指し、一手は地を指し、七歩進んで四方を顧《かえり》みて言ったとされる語で「宇宙間には自分よりも尊いものはない」の意味）はいいとしても、自分の誕生とともに母親の死があったことは非常に大きな心の痛みになったのではないか。というのは、その後の日本を含めた仏教の指導者たちをみても、親の死をきっかけに出家をした例がたくさんあって、法然《ほうねん》（１１３３−１２１２、浄土宗の開祖）や道元《どうげん》（１２００−53、禅の曹洞宗の開祖）、明恵《みょうえ》（１１７３−１２３２、華厳《けごん》宗の僧）などもそうです。それも男親にしろ女親にしろ、しばしば武力闘争のなかで死んだ話が伝わっていて、これは気持ちとしてわかりやすい。ただブッダの場合は、自分が生まれたことでお母さんが亡くなったようです。昔はお産で母親が死ぬことはよくあったとはいえ、大きな心の痛み、出家の遠因《えんいん》になっただろうと想像はできます。

──心の底にずっと痛みを抱えていたのですか。

はい。もう一つは、当時、大小さまざまな国があるなかで大きな国が力を伸ばし、やがて小さな国がのみこまれる情勢にありました。そこで王であることは戦わなければならないということです。すると当然、敗《ま》ける可能性がある、そんな背景があったと伝えられています。そこでブッダは「地上の王になるよりも真理の王になることのほうが重要だ」、と考えたそうです。

――カッコいい！

ここは非常に重要です。国家というものができ、大きくなっていく時代に、国家がもつ暴力を強く意識する立場の人間が「そこには人の幸せはない」と争い合いの世界の限界を感じ、それを超えなければならないと意識したということです。

3 菩薩としての前世――自己犠牲

のちになって、ブッダの前生譚《ぜんしょうたん》、生まれ変わってブッダになる前の人生の話、前世の話を集めた説話が生まれます。「ジャータカ」、本生譚《ほんじょうたん》ともいいます。ブッダには前世があり、そこでたいへん尊いことをしたために生まれ変わってブッダになれたという。そのあり方を「菩薩《ぼさつ》」といい、悟りを求める者を意味します。これが大乗仏教の菩薩という理念のもととなります。ちなみに大乗仏教というのは、仏教のなかで「自分が悟るよりも他者を助けることを優先すべきだ」という考え方が次第に大きくなっていったものです。それまで修行者は比丘《びく》とも呼ばれ、僧院のなかで瞑想《めいそう》をしたりお経を読んだり戒律を守って暮らしていましたが、菩薩というのは「利他《りた》」、人を助けることを重視する修行者です。ですから出家者でありながら在家に働きかけるのです。そして自分が悟る「自利《じり》」よりも弱っている人や困っている人、つらい立場の人を助けようとします。知恵を求めると同時に、あるいはそれ以上に慈悲の実践を重視するともいえます（そうでないほうをかつては小乗《しょう》仏教《じょう》といいましたが、いまは「小乗」は「劣った教え」という意味なので、この言葉は使いません。大乗でない現存の南方の仏教を「上座部《じょうざぶ》仏教」といいます）。

菩薩の物語のなかでブッダはしばしば王や王子として登場し、自らを犠牲として他の人間や生きもの、衆生《しゅじょう》を救います。さまざまな善行のなかでも自己犠牲の話が大きな位置を占めているのです。よく知られているものに「捨身飼虎《しゃしんしこ》」があります。3人の王子が散歩の途中、飢《う》えて死にそうな虎の母親と7匹の子虎に出会った。そこで1人の王子が自分の身を捧げる決意をし、身を投げ出すのですが、虎の子たちは飢えていたけれども「何じゃこれ」とすぐには食べようとしません（笑）。

――美味しそうじゃなかったのかな。

自分が悟るよりも、
辛い人を助けようとするのが「利他」の教え

そこで王子は自ら傷つけて血を流し、食べる意欲をかきたてたというのです。

――へえー、すさまじいですね。「ジャータカ」の作者は誰なのですか。

さまざまな伝承があり、複数の人たちによって編まれたようです。「捨身飼虎」の物語は金光明経《こんこうみょうきょう》などいくつかのお経に見られ、法隆寺の玉虫厨子《たまむしのずし》にその話を描いた絵があり、よく知られています。ともかく、菩薩という理念には自らを犠牲とするということまで含まれます。我が身を犠牲にする修行者が、仏教のなかに一つのモデルとしてあるわけです。

――前に「いのちの恵みに対する感謝」という話がありましたが、自己犠牲というのは、恵まれた尊いいのちを大切にすることと矛盾しないのですか？

いのちを尊ぶことは宗教の重要な要素の一つで、神はいのちを恵み与える存在です。一神教の唯一の神はすべてのいのちのおおもとといえますし、多神教の神々もそれぞれいのちの恵みのもとの存在とされることが多い。ですから、「自分は生きているのでなく生かされている」とか「いのちは授かりもの」といった表現がよくなされるのです。それは「人を殺してはならない」という、後にも出てくる不殺生《ふせっしょう》の教えにもつながるのですが、先にトーテムの話をしましたように、供犠、犠牲として生きもののいのちを捧げる行為も宗教の一面にあるのは事実です。仏教では、いま見てきたように「捨身供養」といって、自己のいのちを犠牲にしてほかの生きものを生かすことを究極《きゅうきょく》の慈悲とみなすこともあります。また、おのおのの宗教で神の偉大さが強調されるにつれて、人のいのちがとるに足らないものと考えられたり、天国や浄土といった死後の世界に「永遠のいのち」を信じるようになると、この世のいのちはそれに比べて軽くみなされてしまう傾向があります。仏教で、いのちにつきものともいえる煩悩《ぼんのう》の火が消える「涅槃《ねはん》」をめざすことを思えば、現世のいのちに執着《しゅうちゃく》することはよくないこととみられます。そんなふうにこの世のいのち、個々のいのちが、ある意味で軽んじられるのは、その裏で集団や共同体あるいは人びとや生きものみなのいのちが重んじられるためでしょう。そこからは「いのちを捧げる」行為が、集団の永続を助けるという考えが導かれます。ですから殉教《じゅんきょう》や殉死《じゅんし》、国のために死ぬということもしばしば起こってくるわけです。

そういう人類社会のありかたに疑問を投げかけ、それを超えた生のありかたを追求するのもまた宗教の働きで、ですから「いのちを尊ぶ」とはどういうことか、すっきりと答え

「いのちを捧げる」は「いのちを尊ぶ」と矛盾する？

を明快な言葉で述べるのは難しいのですね。

――わかったような、どこまでいってもわからないような。でも、いのちは大切だということが基本にあるための難しさのように思えます。

4 アショーカ王の気づき

ブッダの例のように、人間同士が争い、弱い立場の人がいて苦しむ。仏教がそういう状況に対して働きかけようとするものとすれば、大乗仏教が発展するのに大きな転換点となったのが、紀元前3世紀頃のマウリヤ朝のアショーカ王（阿育王《あいくおう》）の登場です。前4世紀、アレクサンダー大王がマケドニアから出て大きな帝国をつくりますが、その後の時代に初めてインドで大帝国ができる、それがマウリヤ朝（前317頃〜前180頃）です。その全盛時代を築いたのがアショーカ王で、彼はのちに仏教で理想的な王様として伝えられるようになります。ですが、じつは最初はとても暴力的で無慈悲な王だったとも伝えられています。容赦《ようしゃ》なく敵をたくさん殺し、そのようにして大きな帝国ができて初めて、いままでの自分を悔い、ダルマ（法・真理）に帰《き》しました。ダルマというのは必ずしも仏教だけを指すわけではありませんが、仏教の影響をたいへん強く受けています。そして理想のダルマに基《もと》づく統治というものを考えるようになりました。法を説くことを輪を回すと言い、ダルマを尊ぶ王様を「転輪王」もしくは「転輪聖王《てんりんじょうおう》」と呼び、アショーカ王は「転輪王」のモデルになってゆきます。

――ブッダの生きた200〜300年後ですか。

そうですね。これはたいへん面白いことで、つまり王様は暴力をふるわざるを得ない、その暴力とは違う次元が宗教の世界であって、そこでは非暴力の教えが重要な位置を占めている。仏教の歴史は王権ととても密接に絡んでいるのですが、仏教は王による統治では足りないものをこそもっているという思いが背後にあります。それは暴力を超えるもの、不殺生、すなわち非暴力、サンスクリット語で「アヒンサー」ということになります。

――アショーカ王自身が教えを説いたわけではないんですか。

すでにある教えを説く僧侶たちを重視し、その教えを広めた。そちらのほうが大事だと思い至ったということです。

大きな国家ができるとき救済宗教が求められ、力をもつ

――ブッダもそんなふうでしたが、一度挫折や失敗をしてこそ気づくのですね。

大きな国家ができるときに「救済宗教」、つまり強い倫理的な教えをもった宗教が力をもつ、そこは人類の歴史のとても大きなポイントだと思います。政治的に巨大な力ができると、それを相対化するような永遠の真理という考え方が強く出てくる。そのなかに暴力に対抗する何か、非暴力という考えが入ってくる。イエス・キリストでいえば、自ら暴力の犠牲になることで、愛や平和の教えを説くことになりました。ブッダの場合もそれに対応するような道筋でした。

――ああ、似ていますね。自然にふつふつと湧き上がるものではなくて?

なぜそういう教えが出てくるのかというと、政治的な支配によって弱い立場、抑圧され

た人たちがもつ恨みや怨念《おんねん》を力で返そうと仕向けても、政権打倒や暴力根絶は実現しません。その鬱勃《うつぼつ》たるものが宗教となってあらわれてくると言えないこともない。これはルサンチマン理論（弱者が強者に対して憎悪《ぞうお》、怨恨《えんこん》、嫉妬《しっと》、復讐心《ふくしゅうしん》など否定的な感情を鬱積《うっせき》させていることで、奴隷道徳の源泉《げんせん》とされる）で強調される点です。19世紀後半にドイツの哲学者ニーチェ（1844−1900）が『道徳の系譜』（1887年）で説いた論で、精神的な価値を説くというのはじつは、現実的によりよく生きることを断念せざるを得ない人たちが負け惜しみのように唱《とな》えるのだ、生を謳歌《おうか》するのではなく、否定的な感情で、力のマイナス点を誇張《こちょう》して強者の生命を限界づけたり貶《おとし》めたりする。これがユダヤ教やキリスト教など宗教のやろうとしたことだ、とニーチェは述べたのです。

イエスのもとに集まったグループも、「神の国が到来する」と、自分たちこそが新しい理想的な世界の旗手《きしゅ》であるかのように信じていましたが、そのリーダーがあえなく十字架で処刑されてしまう。そこで、地上の王国ではなく天上の王国というか、観念の世界に理想はあるといった、まあ代償《だいしょう》的な満足を得ようとしたのだと、こういう説は宗教批判によくあって、ニーチェやマルクスが代表的ですね。マルクスは「宗教は民衆のアヘンである」と言いました。

宗教は支配される側の「負け惜しみ」という考え方もある

――負け惜しみ的解釈ですかー。

そうです。それは宗教を貶める理解ではありますが、宗教が暴力と関わっているというところを押さえた理解ではあります。

――巨大な力ができてくるということは、それだけ苦しむ人の数も多くなり、苦しみも大きくなっていくがゆえに……。

階級社会なんですね、マルクス的にいうと。同じ人間でありながら、圧倒的に力や富をもち、欲望を満たすことができる人間とまったくその対極にある人たちがいて、もちろん後者の数のほうが多い。そういう人間の世界をどうやってのみこめるかという問題が、大きな社会になれば必ず出てくるわけです。現代の資本主義は経済が発展すればやがて皆がもっと富をもてるのだという幻想でごまかしている。経済成長というこの幻想が宗教のかわりの役を果たしているのかもしれません。かつての階級社会はなかなか変えることができない格差が厳然《げんぜん》とあった。巨大な力をもった支配者がいて、そこへ上ってゆこうとする人がいれば挫折《ざせつ》するのがあたり前、さらに多くの人は上昇を望むことさえできない。そういうなかで、権力をもつことこそが人間の目標であるわけではない、もっと大事なことがある、それが平和の教え――ということになるのです。

5 やがて権力者が宗教を庇護しはじめた

ブッダも政治的支配者になることを断念しました。イエスの弟子たちも神の国、理想の世界がやってくると思っていたけれど諦《あきら》めた。仏教やキリスト教は、いわば権力を断念したところから生まれてくる宗教でした。キリスト教はローマ帝国の支配のもとで、政治的な力をもたない信仰集団として広まっていきました。仏教も政治的な支配者には距離をもったところで信徒たちが集まる、それが僧侶だったのですが、インドの場合はとくに、伝統として、バラモンとクシャトリアという、宗教的なリーダーと政治的なリーダーは分かれていました。

――バラモンとクシャトリアって……。

宗教には、政治的支配を正当化する面もある

インドの4つの階級（ヴァルナ）のなかでバラモンはヒンドゥー教の儀式をする人たち、クシャトリアは王族や騎士ですから、軍事的な支配者よりもバラモンのほうが偉いんです。そのバラモンに代わる精神的領域の指導者として沙門、出家者、遊行僧《ゆぎょうそう》たちが出てきたという構図です。ですので、もともと宗教的領域の地位の高い世界であったというのがインドの特徴ですが、ユダヤ教の場合はそういうことはありませんでした。それがイエスの時代から、政治にいわば背を向けた非暴力の精神的価値を説く人たちの集団として成立したのがキリスト教で、やがてローマ帝国で広まった。そして、ある時期になるとそういう宗教集団を政治家が保護するようになります。ここは大事なところです。宗教には暴力による支配を批判する、もっと高い理想を求めるべきだと別の基準を提起する面があると同時に、政治的支配を正当化する、つまり支配する側からすれば「あなたがたは精神的な価値に連なっているのだから政治的な力はなくてもいいでしょう」と、さきの「民衆のアヘン」にもつながりますが、人民が被支配者であることに甘んずることを是認《ぜにん》させる機能ももっているわけです。要するに支配の正当化の面も合わせもっているのです。だからこそ、大きな帝国や王権と救済宗教は歴史上、緊張関係の可能性をはらみながら、どちらかといえばタッグを組んで2千数百年続いてきたといえるのです。

——そういわれれば、相性《あいしょう》抜群《ばつぐん》ですね！

いつの間にか世界中がいわゆる世界宗教（救済宗教）によって覆われるようになってきた、その背後には、暴力に対抗する精神的価値が帝国による暴力的支配を相対化する、それに代わるもっと普遍的《ふへんてき》な秩序を定義するとともに、帝国的な支配を是認する方向にも働くという、救済宗教がもつ性質が働いていたといえます。

——ははぁ、暴力を使わなくても教えさえ広めておけば、人民はおとなしくしてくれると。

ええ、だから皮肉な見方をすれば、アショーカ王はずいぶん虫がいいともいえますよね。暴力を行使《こうし》して権力をもってから暴力をやめようというのですから。

——ほんとだ！（笑）って感心してる場合じゃないですね。宗教が人の救いとなるのか、わからなくなってきました……。

第4章

宗教は危ないものなの？

1 宗教は「危ない」？

いま、宗教というと「危ない」「怖い」というイメージがあります。宗教が争いの原因になっていると多くの人が感じているでしょう。特にイスラーム過激派が相当の影響力をもって、テロと結びついて暴力を増幅《ぞうふく》するような結果をもたらしています。またイスラームばかりが目立ちますが、たとえばパレスチナのことを考えると、ユダヤ教の強硬派、キリスト教の原理主義者などがパレスチナ人の圧迫に力を貸し追い出してきた、そこにはエルサレムは神が与えた自分たちにとっての聖なる土地だという考え方があるわけです。さらにインドではイスラームのモスクをヒンドゥー教徒が壊すという事件が起こったり、いまの政権もヒンドゥーナショナリスト政党（インド人民党）で、イスラームに対して親和的ではない。北のほうでは、パンジャブ州にはシーク教徒が多く、その中にも独立派がいて1980年代にはかなり大きな事件が繰り返されました。

日本でも、オウム真理教の事件（1989年の坂本弁護士一家殺害事件、94年の松本サリン事件、95年の地下鉄サリン事件）がありました。彼らは仏教だと自称していますが、仏教徒からすればとてもそうは思えない。とはいえ、国の体制をひっくり返すようなことを計画する、その思想のなかにチベット仏教の影響がありましたし、同時に日本の新宗教の一部がもつ攻撃的な要素も受け継いでいました。

また1970年代ぐらいから、「カルト」という言葉が使われるようになり、1978年、南アメリカのガイアナに移住していた信者900人以上が集団自殺するという「人民寺院の事件」というものがありました（首都のジョーンズタウンに移住していた子ども276人を含む913人の信徒が、教祖ジム・ジョーンズの指示でシアン化合物入りの飲料水を飲んで死亡）。自殺といいますが、教祖の命令でしたから自殺だか他殺だか……。その他にも、テキサス州のウェーコで93年、ブランチ・ダビディアンという新興宗派が、武器を持っているために警察（FBI）が襲ってくると予感し、教祖のコレシュの道連れというかたちで信者80人が集団自殺をした事件もありました。また95年には、オクラホマシティーの連邦政府ビル爆破事件が起こりました（168人死亡）。これはキリスト教の原理主義者で、自警団《じけいだん》というか義勇隊《ぎゆうたい》、つまりミリシアを自称する団体の共鳴者が市庁舎を爆破したんです。

というふうに、イスラームのテロだけではない、宗教が暴力的に機能する例は、この40年ほど枚挙《まいきょ》にいとまがないといえば言い過ぎですが、世界のあらゆる地域で非常にたくさん起こっているわけです。それ以外でも、北アイルランドでは何十年もカトリックとプロテスタントの間で争っていましたし、スリランカではヒンドゥー教徒と仏教徒が争いつづけました、結局は仏教徒が勝利しましたけれど。

これらを見ていくと、宗教というのは暴力に手を貸すというのか、場合によっては暴力を引き起こす、そういう危ないものだという考え方には一理あると言わざるをえません。

――とくに2001年のアメリカでの同時多発テロのあと、一般にもそういう印象が広まった気がします。

2 宗教は争いを生む?

――でも「この40年ほど」というと、以前はそうでもなかった?

第2次大戦後の冷戦の時代は、宗教がコントロールされていたといいますか、それが原因で争いになるということはあまりありませんでした。実際には共産主義に対して自由主義陣営があり、自由主義陣営が宗教を応援したのですが、宗教間の争いではないですね。共産主義の暴力革命の主張に対して宗教が対抗するといいますか、それは平和の力だと多くの人が感じていたので、宗教の暴力性についてはあまり意識されなかったと思います。大きな影響としては第2次世界大戦後、1947年にインドが独立する過程でヒンドゥー教徒とイスラーム教徒の争いになったとき、後に述べるガンジーが出てきて非暴力、つまり植民地主義と闘いながらも宗教が暴力を超えていくことを掲げました。宗教は本来そちらの方向へ人を導くものだという考え方が強かったのです。

ところが78〜79年にイラン革命が起こり、80年からイラン・イラク戦争が起こります。さらに89〜90年頃に冷戦が終わり、社会主義という敵がなくなると——アイルランド紛争やもちろんスリランカの問題などはずっと続いていましたが——むしろ宗教の暴力的要素が表に出るようになった。たとえばユーゴスラビアは、チトー大統領が統合してそれなりに全体主義的な社会主義政権でしたが、クロアチア、セルビア、ボスニア、モンテネグロなど、それぞれエスニック（民族）グループながら、そこに宗教の違いが関わってきます。言語も外見もそれほど違わないにもかかわらず、宗教の違いで対立するようになる。セルビアはキリスト教の東方教会、クロアチアはカトリック、ボスニアはイスラーム、そういう勢力が血で血を洗うひどい状況となりました。ユーゴスラビアはいわば西方キリスト教と東方キリスト教とイスラームの文明圏の狭間《はざま》で、そこで争いが起こる。パレスチナは長い長い紛争の歴史がありますが、冷戦後には旧ユーゴに似たような地勢学的条件があって紛争はいっそう深刻になります。そういう地域での争いが90年代以降、悪化していきます。

――争いだらけですね……。もっと以前はどうだったのでしょう？　そもそも宗教というのは争いを生む種をもっているものなのでしょうか。

ここまでは現代人の印象についてお話ししましたが、近代という長さでみると、フランス革命以後、このかんは宗教から抜け出していく民主主義の時代、世俗主義《せぞくしゅぎ》といったりしますが、いわば宗教がなくなっていく方向の運動が強かったんです。

――脱《だつ》宗教ですか。

はい。民主主義は宗教から脱却していく社会だというので、政治的な変革は宗教をかかげずに起こる、ですから宗教があまり危なく感じられない時代がありました。たとえば第

1次世界大戦、第2次世界大戦は、国家や民族の争いであり、宗教の違いというのはそれほど表に出ていません。

――そういえばそんな気も。

19世紀の戦争もそうです。抵抗する側は宗教を土台にしているケースはずいぶんありましたが、強いのは国家で、それが世俗主義的、帝国主義だったりして、そのために宗教の力が目立たなかったんじゃないでしょうか。ところが実際は、それ以前、中世や近世をみると、16～17世紀には宗教戦争（ユグノー戦争＝1562～98年フランス、三十年戦争＝1618～48年ドイツ周辺）なんていうのもありましたし、日本でも16世紀にはじまるキリシタンの時代までは宗教が武力に大いに関わっていました。ただ、宗教がそんなに危険なものではないというイメージが近代には続いていた、その大きな理由の一つは、そもそも宗教は平和をかかげ、暴力の否定を唱えているものだという、理想ないしは建前《たてまえ》に対する信頼感があったのだと思います。

中世や近世でも宗教は戦争と関わっていた

3

それでも根強い宗教への信頼

――宗教が生まれて以来、基本的にそう思われていたということですか。

まあそう言っていいでしょう。近代になって宗教から抜け出すというときも、道徳や倫理の源には宗教が掲げてきた平和や友愛、寛容や平等といった理想があると感じられてきて、宗教に対する尊敬心はとくに自由主義陣営には高かったと思います。これは社会主義陣営に対抗する意味もありましたが――アメリカはとくにそうです。ヒューマニズム（普遍的な人間性を基本においた考え）と宗教とが拮抗《きっこう》し合っていて、ヒューマニズムを信奉する人は宗教から卒業していくことを主張しますが、宗教の側からみると、ヒューマニズムは足場が危《あやう》いと感じられたと思います。

――すると現代になるまでは、宗教が暴力や戦争と結びついて考えられていなかった？

そうですね。宗教は過去の遺物といった感じで軽く見られがちでした。人類がだんだん克服していくものというわけです。いっぽうで、争いは民族や国家間のものなので、それに対して宗教が平和を主張するといった捉《とら》え方だったと思います。これはガンジー、あるいは新しいところではマーティン・ルーサー・キング（1929－68）やマザー・テレサ（1910－97）やダライ・ラマ（14世、1935－）の名声なども貢献してきたでしょう。

――ところで気になったのは、道徳や倫理と宗教はどう違うのですか？

倫理と道徳はそう区別する必要はないと思いますが、道徳のほうが具体的な人の生きるあり方をさす場合が多く、倫理はより根本的で原理的な次元にまでさかのぼっていうことが多い。まあ善悪に関わること、人のよい生き方に関わるものといっていいですね。その「よい生き方」というのも、どこかに相対的な良《よ》し悪《あ》しをこえた、より永続的で根源的なものがあってこそ成り立つと感じる人は多いと思います、私もそうです。つまり、宗教的なもの――超越の次元、限りあるものをこえた真理の次元を求めつづけていながら、それらが見えにくく、共有されにくい時代になっているなかで、人はなんとかそれを分かち合い、確かめ合い、次代へ伝えていこうとしている。こういうことは文化——芸術、学術、教育など、いわば価値の次元にかかわる分野の人はどこかで感じていて、その価値の源は宗教に通じるものだと思います。

——では道徳や倫理になくて宗教にあるものって何ですか？　永遠のものを求めるのに、宗教がなくても道徳や倫理がしっかりしていればいい、という気も？

道徳・倫理にはいろいろな次元があって、いま述べたような超越的な次元までいかなくても、相互に了解ができるような説得の言葉、共同理解の言葉もあるでしょう。たとえば「人を殺してはいけない」のはなぜか？「あなたが殺されてみなさい、される人の身になってみればそうなりたくないでしょう。だからしてはいけないのですよ」と言うこともできます。これも道徳倫理ですが、そういう合理的に説明できる次元では足りないのではないかと感じる人がいる、私もそうです。

——そこで宗教の出番？

宗教には道徳や倫理にはない価値秩序がある

われわれの生を、生きるに値《あたい》するものとしているのは何なのか。それは親から、また環境や学校などで教わったり学んだりしながら育ててきたものが多く、また文化を通して伝えられてきた価値であり、尊いものであると思うのです。

ただ、今はそういうものを伝え、共有するための的確な表現がますます難しくなり、わかりにくくなってきています。価値の次元が多様化しているので、どれが正しいのか確信が持てず、人に向かって言うこともできない。するとそれは個人の自由でしょう、「カラスの勝手でしょう」となる（笑）。じゃあそれぞれが勝手にやればいいのか、となるとますます正しいもののありかがわからなくなります。でも、いやいやそうではないでしょう、やはり共有できる次元もある。それは文化のなかに埋め込まれて伝えられ、われわれが引き継いできたものを前提にする必要がある。単に合理的な説明されたものではなく、からだで知っている、あるいは言葉や振舞い方も含めた文化のなかで共有されてきた価値秩序――それはかなりの部分、宗教と切り離せないと思います。

――そこが道徳や倫理にはないポイントですか。

はい、習俗というか生活形式と絡んできます。その人の行為はいわば「いきるかたち」

です。よく「親の背中を見て育つ」と言いますが、必ずしも言葉で説明できない「いきるかたち」、親は子どもにそれをなんとかして伝えたいはずです。

たとえば、子どもを幼稚園に入れる時に公立と宗教系の幼稚園があったとして、親はどちらを選ぶか。われわれの時代は公立の幼稚園や小中学校、高校、大学に非常に信頼感がありました。国民国家というものが元気だった時代です。ところが次第に公立学校で学級崩壊が起こり、いじめ、不登校が増え、先生は入れ替わりが激しくなって熱意に欠けてくる……となると、むしろ宗教系の学校や幼稚園のほうが立場がしっかりしているぶん期待できると感じる親が増えてくる。ですから近代国家は、とくに資本主義が発展してくると、文化を伝えるという意味では必ずしも強くない、逆に力を失ってくるんです。テレビも、NHKのほうが文化的のような気もしますが、皆がよく見るのは民間放送ですね、すぐにコマーシャルになって見たくなくても見せられる。その時間を小用に利用もできますが、あれには作品を楽しむ力を奪われている感じがします。

――ぶちっと切れちゃって（笑）。

ええ。他のことでも、儲《もう》かるものならよしとされる。ようするに、儲かるものがいいものという基準で動いている気がします。出版社はそうでないと思いたいですが（笑）。そこへいくと、宗教は少なくとも「儲かるもの」より「これこそいいものだ」というものを伝えようとしている、とは思います。ですが、50年前と比べれば儲かるものに引っ張られる度合いがどんどん強くなってきたために、宗教への期待はますます募《つの》りますが、じつは宗教も相対化されてきた。そこで頼りにくい、そういうジレンマというか、股裂《またさ》き、二律《にりつ》背反《はいはん》の状態に今われわれはいるんですね。

――テレビといえばマザー・テレサが聖人《せいじん》（カトリック最高位の崇敬対象）になったとニュースで言ってました。2つめの奇跡が認定されたらしいのですが、奇跡って、実際にあるものなんですか？

奇跡とされているものが本物であることを証明する、ということでしょうが、奇跡という考え方には反対の人がたくさんいます。

――でもあんなふうに世界的に公認されたときくと、人間なのに奇跡かぁ……と思って。メディアが大々的に報じると、真実だと思ってしまいそうです。

あいかわらずそういう基準で決められるんですね。1962〜65年に第2ヴァチカン公会議というものが開かれ、ここでカトリック教会は大きく変わって現代社会に開かれた宗教となり、他の宗教の存在意義を認める方向へ転換したんです。

――いまのフランシスコ法王は、そういったことを実践しようとしているのかも。

その考え方にのっとれば、いまのようなタイプの奇跡による列聖《れっせい》（聖人認定）は、古い考え方だと感じる人もいるのではないでしょうか。マザー・テレサの偉大さはそういうところにあるのではないと。ただ歴史的に聖人はそのように決めてきたということで、カトリック教会は伝統を大事にしますから、そのへんは変えないということでしょうね。

第2ヴァチカン公会議は60年代ですが、私の目からみるとだいたい70年代から実質的な変化が起こる、つまり宗教が政治に大きな影響を与える時代になってきます。これは、歴史的にはやはり1978〜79年のイラン革命が大きいと思います。以来、世界の政治的変革にも宗教が関わってくるようになって、そのことが宗教の暴力性を印象づけることにもなってきました。ただ、その時代に南アフリカのアパルトヘイト（人種差別）を平和裏《へいわり》に終わらせた（1993年に全面廃止）ことにはキリスト教の力が大きかったです。その後も憎しみを爆発させるのではなく、今まで差別を行なってきた側をもゆるしながらの平和という流れで、ネルソン・マンデラ（1918－2013）やツツ大司教（デズモンド・ムピロ、1931－）といった人たちがリーダーシップをもった。そこでも冷戦時代的な「宗教が平和のメッセージを伝える」という側面が続いている。ですので、今のローマ法王に対しても、マザー・テレサに対しても、ダライ・ラマに対しても、変わらずに信頼が寄せられているのは、宗教がもともともっている平和や非暴力の教えへの信頼感であって、それは今なお続いているということです。

4 聖書にみる「平和」の言葉

――宗教がもともともっている平和の教えというと……。

たとえば、キリスト教では『新約聖書』の「マタイによる福音書《ふくいんしょ》」に「右の頰《ほお》を打たれたら左の頬を差し出しなさい」（敵を許し仕返しをするな）というイエスの言葉があり、「ルカによる福音書」には「汝《なんじ》の敵を愛せ」とあります。暴力的な事態になり、怒りや憎しみが生じたときにそれをおさえよという、この暴力を超えようとする意志が教えの基本にある、キリスト教の「愛」のなかにはそういうことがあります。でも「そんなことできない」と考える人もいるし、相手が攻めてきたときは正当防衛として自分を守らなければならない、ということは確かにあって、現在のキリスト教は「正戦論」を認め、相手が暴力を行使したときには正当防衛として戦争をする権利があるという立場をとっています。

――左の頬を差し出すのではなくて……。

ええ、おおかたの教会はそうです。ただ、もちろん絶対的な非暴力の立場もあり、平和主義の人たちpacifist（一切の戦争を悪として否定する）の「平和」はそういう意味を指します。クエーカー（プロテスタントのフレンド派）やアーミッシュ（プロテスタントのメノー派の一派）の人たちは絶対平和主義でしょう。たとえば仲間が襲撃されたときにも、すぐに襲《おそ》った人を許す、そういうことで尊敬心を集める。また「良心的徴兵《ちょうへい》拒否」、軍隊や戦争には参加しない選択をする人たちもかなりいます。エホバの証人などがそうです。しかしキリスト教の主流派ではありません。

――同じキリスト教でも宗派がたくさんあるのですね。

数えきれないくらいあります。エホバの証人でもモルモン教でも、ほとんどキリスト教ではないという人もいて、キリスト教のなかでも相当かわったグループです。

5 仏教の暴力へのこだわり

――仏教ではどうなのですか？

仏教の「法句経《ほっくきょう》」は、パーリ語で「ダンマパダ」といいまして、かなり初期、ブッダが生きていた時代に近い頃の教えを伝える聖典、つまりブッダの言葉としては本人の生前に近い伝承といわれています。その最初のところからこんなふうに出てきます。

「(実にこの世においては、)怨《うら》みに報《むく》いるに怨みを以《もっ》てしたならば、ついに怨みの息《や》むことがない。怨みをすててこそ息む。これは永遠の真理である」(岩波文庫『ブッダの真理のことば 感興のことば』第一章 五、中村元訳、1978年、以下同)。

これは現代でも、たとえば2003年に始まったイラク戦争のときに、アメリカで多くの仏教徒がこの言葉を掲げて反対運動をしました。アフガニスタンやイラクへの攻撃は、2年前の世界貿易センタービルなどへの同時多発テロに対する怨みを返すことであると。攻撃されたのだから反撃する権利がある、しなくてはならない、ということであれば、それは「目には目を、歯には歯を」ではないですが、報復をすることが正しいことであるという倫理観となります。アメリカの両院議員でアフガニスタン攻撃に反対したのは、女性下院議員のバーバラ・リーさん一人だけでした(420対1)。それが今や、イギリスのブレア元首相もイラク攻撃が間違いだったことを認めざるを得なくなり、正戦論的な議論の弱さが見えた出来事でした。しかし、このときは仏教徒のほうがはっきりと反対を言えたんですね。アメリカやヨーロッパのキリスト教徒でももちろん反対する人はいたでしょうが、ただ仏教徒は当事者ではないという面もあったかもしれません。

――2千年以上も前のブッダの言葉が、21世紀の戦争反対のスローガンになったんだ。

イラク戦争への反対運動にブッダの言葉が掲げられた

じつはこの「ダンマパダ」では、暴力がとても大きな話題になっています。たとえば、「すべての者は暴力におびえ、すべての者は死をおそれる。己《おの》が身をひきくらべて、殺してはならぬ。殺さしめてはならぬ」（一二九）、「すべての者は暴力におびえる。すべての（生きもの）にとって生命は愛《いと》しい。己《おの》が身をひきくらべて、殺してはならぬ。殺さしめてはならぬ」（一三〇）、「生きとし生ける者は幸せをもとめている。もしも暴力によって生きものを害するならば、その人は自分の幸せをもとめていても、死後には幸せが得られない」（一三二、以上「第一〇章　暴力」より）などなど。

——それだけブッダが暴力について言及していたということですか。

ええ、仏教はとくに暴力に対するこだわりの強い宗教といっていいと思います。キリスト教では積極的に「愛」ということを言います。いっぽうで仏教も「慈悲」と言いますが、それとともに「不殺生《ふせっしょう》」ですね。これはインドの宗教に広くある概念で、仏教の根本にもそれが戒律の中心としてあります。ユダヤ教やキリスト教にも「モーセの十戒《じっかい》」があり、そこに「殺すなかれ」とかかれていますが、仏教の「不殺生」は五戒や十戒といった戒律の根本に位置します。不殺生はサンスクリット語で「アヒンサー」といい、「ヒンサー」は傷つける、傷《いた》めるという意味で、殺すことだけを指しているわけではありません。それだけ広いんです。現代になって、ガンジーが不殺生の教えを政治的な場面で用いたことで「非暴力」と訳されるようになりました。ですから「不殺生」と「非暴力」は互換性《ごかんせい》のある言葉となっています。

6 東洋発の非暴力と「愛」

仏教とキリスト教が大きな宗教としては目立ちますが、たとえば中国の道教《どうきょう》の始祖である老子《ろうし》の言葉にも「報怨以徳」（怨《うら》みに報《むく》ゆるに徳を以《もっ》てす。怨みのある者に対して、愛情を以て接し恩恵を与えることを表わす。『老子』第六十三章）という言葉があります。これも暴力の否定と考えていいでしょう。では道家だけかというと、儒教の孔子の教えに「仁《じん》」というものがあり、思いやり、人の気持ちをおもうということです。また「己《おのれ》の欲《ほっ》せざる所は人に施《ほどこ》す勿《なか》れ」（自分の好まないことは、他人にもしてはならない。『論語』顔淵篇《がんえん》、衛霊公篇《えいれいこう》）ともいいます。ですから儒家にも非暴力の教えがあると言っていいでしょう。

――映画にもなった墨家《ぼっか》の祖・墨子《ぼくし》も「兼愛《けんあい》」とともに「非戦《ひせん》」を唱《とな》えたと聞きました。

ただ、宗教で暴力を慎《つつし》むというのは、まず心のなかで、といいますか、実際に暴力をしない、もしくはとどめるのはなかなか容易ではありませんから、まずは自分の心をそういう方向へ向ける、心のなかで暴力から遠ざかるという方法をとることが多いですね。それをわかりやすく表わしているものに天理教の教えがあります。天理教は比較的古い新宗教（1838年創始）で、その教えのなかに「人間は心のほこりを積んでいる、それを清める、ほこりを払うことが大事だ」というので「みかぐら歌」というものがありまして、朝夕の「おつとめ」では（節回《ふしまわ》しをつけて）「あしきをはらうて　たすけたまへ　てんりわうのみこと」と毎朝唱《とな》えます。この「あしき（悪しき）」というのが心の「八つのほこり」、すなわち「おしい・ほしい・にくい・かわい・うらみ・はらだち・よく・こうまん」です。「欲」「欲しい」は過剰な欲望、煩悩《ぼんのう》、物質的なもの、「可愛い」というのは過剰な愛、執着です。

――可愛い、もだめなのですか。

いいような気もしますけれど（笑）、じつは儒教的にも仏教的にも「愛」はそのままプラスではないですね。くっつきすぎる、執着して自分のもののように思う、というふうに考えられます。『老子』第四十四章にも「甚《はなは》だ愛すれば必ず大いに費《つい》ゆ」、愛する度合いが強すぎると失うときの衝撃もまた大きい、とあります。仏教には「渇愛《かつあい》」という言葉があって、煩悩と非常に近いです。

――キリスト教は「愛」がいっぱいですけれど。

キリスト教は「隣人愛」というものを神の愛に通じるものとしてとらえます。愛にはギリシア語で「エロス」と「アガペー」があり、エロスは肉親や男女の愛に近い愛、それを超えた一段高い愛がアガペーです。隣人愛は、神を愛し、神からいただいた愛は肉欲の次元を超えていると考えます。逆に渇愛は、いわば肉欲に通じる愛の面です。

儒教では「四端《したん》」という言葉が『孟子』にあります。仁《じん》・義《ぎ》・礼《れい》・智《ち》に進む糸口、と理解され、人間がもっている感情や欲求のなかにはそのまま道徳的に高い意味をもつものがあると考えます。たとえば「仁」という高い思いやりの心を身につけるもとは「愛」にあ

「愛」にも いろいろな側面がある

ると。つまり誰しもがもっている、人が来ると嬉しい、共にいることが楽しい、人が哀《かな》しむとなんとかしてあげたいと思う、といった性質です。四端について辞書では「惻隠《そくいん》・羞悪《しゅうあく》・辞譲《じじょう》・是非《ぜひ》」と説明していますが、「惻隠の情」というとわかりやすいでしょうか。これが「仁」のもとなんです。『孟子』には「無惻隠之心《そくいんのこころなきは》、非人也《ひとにあらざるなり》」とあって、惻隠とはいたわしく思うこと、忍《しの》びざるの心というものですね。

――それを人は生まれながらもっている？

そうです。ただし天理教のいう八つのほこりは、物質的な欲望や人間同士の愛着がマイナスに働く場合をあげていて、しかしそれにも増して「にくい」「うらみ」「はらだち」「こうまん」は人間同士の争いの心であって、怒りや憎しみのもとになる心を慎むようにという。つまり執着、自己の欲望へのとらわれとともに、人に対する敵意、攻撃心を慎めというのですから、かなり非暴力への志向があります。天理教より後の、神道系や仏教系やその他も含めた新宗教には「心なおし」と呼んでもいいような、「あなたの心の持ち方を変えましょう」との教えがあるのですが、そこには他者への攻撃心を抑えて人と共によい関係をもちながら幸せを分かち合いましょう、と勧める、その流れを示していると思います。

これは非暴力、不殺生、暴力から遠ざかるべきだ、という考え方をわかりやすく伝えている例でしょう。というように、宗教にとって「暴力をいかにして抑えるか」はいつも大きな関心であったと考えられます。

――例外なく……？

……それはなかなか簡単ではありません（笑）。いま挙げたような宗教は、だいたい歴史上のある時代にある教祖によって現れ、現代にまで影響を及ぼしている救済宗教です〔民間習俗の意識から自然発生的に生まれたような宗教に対して、特別な一人やグループの創唱《そうしょう》者によって提唱されたという意味で「創唱宗教」ということもあります〕。

――では同じ救済宗教のイスラームはどうなのですか？　暴力を標榜《ひょうぼう》している、というわけではないですよね？

うーん。宗教が暴力を引き起こしているというイメージは根が深いですね。そこは章をあらためてお話ししましょう。

第5章

宗教は暴力を超えられるの？

1

イスラームは「政権＝宗教」

そこでイスラームです。仏教は紀元前5世紀頃に成立し、キリスト教は紀元前1世紀の末頃に成立していますが、イスラームの成立は7世紀です。当時の文明世界から見ると周辺にあったアラビア半島ですが、広い地域を統一する新たな国家体制が成立しようとする転換期にムハンマドが登場します。7世紀初頭のアラビア半島の部族社会のなかで、いわば発展しつつある部族勢力のなかにムハンマド（570頃－632）が現れます。権力とは少し距離のあるところにいたその青年が、神の教えを受け、預言者《よげんしゃ》（神の言葉を預かって民に知らせる人のことです）として、政権を批判しながら政権を奪う姿勢を示したところにイスラームが成立します。

――なにかきっかけがあったのでしょうか。

ムハンマドはメッカを拠点とするクライシュ族という有力部族の出身ですが、両親を早くに失って幸せな子ども時代とは言えなかったようです。しかし最初の結婚相手の一族が有力で力を蓄《たくわ》えていったらしい。40歳ぐらいで全知全能の唯一神であるアッラーの呼び声を聞くようになります。後に『クルアーン』（コーラン）にまとめられていく神の言葉です。『クルアーン』の「浄化の章《じょうか》」にこうあるとおりです。「説け、アッラーは唯一神／永遠の神／子もなく父もなく／また双《なら》ぶべきもの一つだになし」（井筒俊彦『イスラーム生誕』中央公論新社、1990年、初刊、1979年）。

ところが、多神教的な部族社会で一神教を唱《とな》えたために反発を招き、メッカを去ってメディナに移動して体制を立て直します。これをヒジュラ（聖遷《せいせん》）といって、これがイスラームの始まりとされています。そこで勢力を蓄えて、メッカに入り、クライシュ族を倒し、カーバ神殿の神々の像を破壊します。唯一の神、アッラー以外の偶像崇拝を許さないとの姿勢を明確にしたわけです。そして、さらにユダヤ教徒やキリスト教徒と戦ってイスラームの信仰によって団結する新たな宗教国家を築いていきます。

つまりこれまでに存在したユダヤ教やキリスト教と張り合いながら、新たな一神教を打ち立て、多神教を駆逐《くちく》していく精神運動と、部族社会を超えて新たな国家体制を作り上げていく政治運動が重なり合って進んだわけです。ヒジュラから死に至るまでの10年ほどの間にこの大転換をなしとげます。ですので、ブッダやキリストと比べてイスラームの始まりは政権の断念ではなく、距離をもっていたのにやがて政権の基盤となった。つまり宗教が政治的秩序と切れたところで成立したのではなく、そのなかにおいて成立したのです。

——政権イコール宗教ですか？

ええ、日本も神聖主権、つまり神と一体の王（天皇）という理念が続いてきましたが、イスラーム世界も王様がそのまま宗教的リーダーであるという方向へ向かったのです。これはのちにカリフ制（ムハンマドの後継者が政治的、社会的な権限をもって全イスラームを指導すること）となります。ムハンマドを継ぐ者がそのまま政治的リーダーであると。カリフは６００年以上の長いオスマン朝が滅んで１９２４年になくなりましたが、今のＩＳ（イスラミック・ステート）はカリフ制の復活を目指しています。イスラームにはそういう「宗教王国」を目指す理念が確かにいっぽうにあるのです。まあユダヤ教にも似た側面はあって、ダヴィデの時代（前10世紀頃）などそういう色彩が濃かったですね。

イスラームは
政治と密接に関わりながら成立した

――ユダヤ教とイスラームはつながっているのですか？

そうですね。ムハンマドはキリスト教も横に見て成立しますが、むしろユダヤ教の影響を大きく受けています。部族社会の多神教的なところに一神教が見えてくるのは、ユダヤ教がそういうものをもっていて、それに影響されながら新たな一神教をアラビア人のあいだに広めたのがムハンマドだったということです。ただその一神教は政権に挫折《ざせつ》した人たちが唱えるものではなく、ダヴィデ以前にもモーセ（前14世紀頃）など、ある時期のユダヤ教のように政権そのものが一神教を掲げている。神の支配を唱える王様の王国を目指したのです。ヒンドゥー教や儒教にもそれに近い考えがあり、じつは日本の神道にもその側面があります。王様がそのまま神あるいは天の教えを受けて統治する。中国では「天命《てんめい》」といいますね。天の意志を受ける皇帝がそれを地上に反映した神聖国家をつくる。

――見えない天の意志を、皇帝が実現するのですね。

はい。これまではキリスト教と仏教が宗教の典型であるかのような話をしてきましたが、じつはキリスト教と仏教は、宗教と政治が切り離されるタイプの宗教として際立《きわだ》った例です。対してユダヤ教やイスラーム、また儒教や神道などは、神と権力者が同一、政教一致に向かっていくような側面をもともと持っている宗教とも言えます。政治秩序がそのまま神聖な神の秩序であるというベクトルの強い宗教と考えていいでしょう。

2 人はカリスマを待望しているの？

――思い出したのはタイのプミポン国王が亡くなったとき、国民のあまりの嘆きように少し驚きました。なにか「プミポン教」の教祖さまのような。

そうですね。仏教にも仏教王国の理念があって、日本でも8世紀の聖武《しょうむ》天皇はその代表でしょう。

――タイの王さまは、政教一致でなくてもわりと政治にかかわって影響力もあったそうですが、北朝鮮の最高指導者の金正恩《キムジョンウン》はどこか一神教を思わせるというか。宗教ではな

いとしても、テレビの映像を見ていると、人びとは絶対の信心みたいなものを抱いているようにも見えます。人はそもそも何かを強烈に信じたいという本能があるのかなあ。

カリスマ願望ですね。指導者が特別の超自然的な権威をもって崇敬されることを「カリスマ」という語で捉《とら》えたのはドイツの社会学者マックス・ウェーバー（１８６４－１９２０）です。宗教で重要なカリスマといえば教祖や預言者ですが、イエス・キリストが湖の上を歩いたというような奇跡が伝説化されたり、近年の日本ではオウム真理教の麻《あさ》原彰晃《はらしょうこう》もそうでしたが、指導者の権威が絶対的な力をもつようになると、ひとたび信仰に入った人たちは、あるときには指導者を崇拝して仲間が一体になることに悦《よろこ》びを感じ、そこに浸《ひた》りきってしまいかねません。

ただ預言者の示すまったく新しい理念が、それまでの人生を変えるほど革新的であったとすれば、預言者が神のように輝いて感じられることもある。天理教教祖の中山みきなどはその一例でしょう。そういう存在は多くの人に尊ばれるだけでなく、同じ信徒たちの集団の強力なアイデンティティの柱となり、あるいは生きていく指針や、高い目標の光源ともなります。そうなると人は鼓舞《こぶ》され、人生の意味を深く実感できることもあるのです。人がカリスマを望むわけです。

ただし、そこにはやはり「危ない」面もあって、あやまった信仰で他者に危害を及ぼしたり、自分の人生さえ台無しにしてしまうこともないとはいえません。ですので宗教にかぎらず、師や指導者を仰ぐとしても、その教えを十分に吟味《ぎんみ》し、自らの良識や良心に問いかけながら判断していくことが求められますし、多様な世界観それぞれが人びとを支えてきたという事実に学ぶ必要があります。多くの人の意見を聞き、経験を大事にしながら自分自身の判断力を養っていくことが大切だと思います。

また政教分離であっても、結局は支配者がその宗教を非常に重視する場合には、まったく切り離されているわけではなく、じつは社会の規範や価値意識に宗教が濃い影響を及ぼしていることもある、ということを忘れてはいけないでしょう。

3 イスラームの分裂

さてイスラームに話を戻しましょう。イスラームが政教一致とはいっても、代々のムハンマドの後継者も常に政権をとれる立場にいたわけではありません。そうでない、不遇《ふぐう》の場から神の言葉を語った時期もありました。さらに7世紀後半、イスラームは分裂します。ムハンマドの子孫にあたるアリ、フセインといった人が、先にカリフの跡を継いだアブー・バクルにつらなるウマイヤ家と勢力争いとなり、やがてアリはカリフ（第4代）となったものの、結局は抗争の末に敗北し、殺されます。また叛旗《はんき》を翻《ひるがえ》したフセインも敗北して勢力を失います。そういったアリやフセインの側が、自分たちこそ本当の跡継ぎだと主張したのがシーア派で、そうでない多数派がスンニ派です。ですので、シーア派は政治的に敗北した人たちのイスラームという点で、キリスト教や仏教に少し近いといえるかもしれません。

——ふーん。どちらの数が多いのですか？

圧倒的にスンニ派でしょう。全ムスリム（イスラームを信仰する人たちのこと）の9割を占めています。今のイラクやシリアを見ると、とんでもない状況になっています——シーア派のイランがシリアのアサド政権を支持していて、そこにロシアがくっついている。イラクはサダム・フセインの時代はスンニ派主体の政権でしたが、アメリカがフセインを倒してからはシーア派の政権になってしまった。シリアのなかでもアサド政権に対抗するスンニ派がいる。シリア、イラクにまたがる地域でスンニ派の人たちが疎外《そがい》され、そこからＩＳが支配地域を広げてきた。それをスンニ派のサウジアラビアが応援しているともいわれる……本当にぐちゃぐちゃです。

――お互い譲らないのですね。

シーア派は数は少ないですが、イランという大きな国がシーア派ですから。イラクではフセインの死んだシーア派の聖地カルバラで、しばしばテロが起きています。

――となると、まさに宗教が平和をもたらすどころか……。

しかし、かつてのオスマン帝国（１２９９～１９２２年）や他のイスラーム帝国が広まっていた時代は、イスラーム教徒、ユダヤ教徒、キリスト教徒はむしろ平和に共存していました。それが20世紀になって石油の利権もからんで一方的に西洋諸国が力をもち、たとえばイスラエルという国をつくったり、勝手に国境をつくって分割したりと、パレスチナからアラビア半島、アフガニスタンやパキスタンに至る地域をぐちゃぐちゃにしてしまった。

ですので、決してイスラームが暴力的な宗教ということではなく、むしろ西洋の帝国主義がこういう状況をもたらしたという側面のほうが要因としては大きいでしょう。

――ところでそのイスラームの教えとは、そもそもどういったものなのですか？　キリスト教や仏教と異なる面とは……。

イスラームは決して暴力的な宗教ではない

政治と宗教が分離していないということは、この世の法秩序が神的なものでなければならない。社会はクルアーンと預言者ムハンマドの言行に基づくからなるシャリーア（ムハンマドの法秩序、神聖なイスラーム法）に従って動かなくてはいけません。

――クルアーンというのは、ムハンマドが語った内容ですか。

ムハンマドに神が啓示した言葉です。それだけではなく、さらに生活を律するシャリーアがある。たとえばユダヤ教ではモーセに由来する「律法」に基づいて生活を行ないます。この世の秩序がそのまま宗教的な秩序である。ヒンドゥー教や儒教でもこの世の秩序がそのまま神聖な法にのっとっていなくてはならないという考え方ですから、そこは仏教やキリスト教と少し違う点ですね。

――戒律は同じようにあるわけですね。

はい。イスラーム教徒が信じて守らなければならないこと、行なわなければならないこととして、クルアーンに「六信五行《ろくしんごぎょう》」が記されています。六信とは6つの信仰箇条で「唯一神」「天使」「啓典《けいてん》」「預言者」「終末と来世」「定命《じょうみょう》（運命）」、五行とは「信仰告白」「礼拝」「喜捨《きしゃ》」「断食《だんじき》」「巡礼」。さらに日常生活の全体に及ぶイスラーム法、シャリーアの規定があり、イスラーム教徒が守るべきルールといえるでしょう。これらはユダヤの十戒とそこから発展した細かな生活規則にまで及ぶ律法に対応するものといえます。

――1日に5回も礼拝するんですよね。テレビなどでよく見ます。

日の出前、お昼、日没前、日没後、夜に、聖地メッカの方を向いて行ないます。
ただしイスラームの本当の救いは死後にあります。その意味ではこの世の秩序を超えたところにもっと重要なものがある、という教えです。死んでから天国や地獄に行くのはキリスト教と共通するところですが、ユダヤ教には死後の審判《しんぱん》という考えはありませんでした。もともと審判によって天国と地獄に分かれるというのはゾロアスター教（拝火教《はいか》、前6世紀にペルシアで創始）からきています。仏教もそれに影響を受けて、極楽と地獄という考えがある時期から強い影響をもつようになりました。

――ゾロアスター教って、火を崇《あが》める宗教ですよね。宗教ごとに違うことだけでなくて、共通することも多いんだ。イスラームが暴力的ではないことはわかりましたが、仏教やキリスト教のような平和の教えはないのですか。

イスラームは あるべき社会の形を重視する

儒教にも「仁」があったように、ムハンマドの言葉にも平和を求める教えがあります。「順境《じゅんきょう》にあってもまた逆境《ぎゃっきょう》にあっても（主の贈り物を施《ほどこ》しに）使う者、怒りを抑《おさ》えて人々を寛容《かんよう》する者、本当にアッラーは、善《よ》い行いをなす者を愛《め》でられる」（『クルアーン』イムラーン家章第三―一三四）というように。イスラームは「慈悲」「思いやり」「寛容」を尊ぶ宗教だともされます。ただ、イスラームはあるべき社会の形を重視します。シャリーアがそれを導きます。政治の暴力性に対して宗教が平和を唱えるという役割の分け持ちがないので、「平和」が強調されていないと言えます。平和的志向がより鮮明といえる政教分離型の宗教は、言い方を変えればある意味「個人主義」でもあります。社会全体の平和や非暴力ではなく、あなたの生活のなかでどうやって非暴力や平和を実現するか、という教えがより目立ちます。人があなたを軽蔑《けいべつ》したり怒鳴《どな》りつけたり理不尽《りふじん》なことを言ったとしても、同じように怒鳴り返したり敵意を向け合うのではなく、むしろそこに愛の秩序が実現するような生き方をしなさいと。

——気持ちの持ちかたのうえの平和、という感じですか。

怨みに報いるのに怨みをもってしてはならない、という言葉がありました。ですが、それを社会のありかたに実現させようとするとなかなか難しい。

しかし現代では理不尽な支配がいつまでも続き、そのことに対する抗議や憤懣《ふんまん》はゆきわたっています。戦争や植民地の解放というときにとくにそれは現れて、平和を求める運動が起こります。いかにして非暴力の立場から平和を実現できるのか、これが20世紀以降の人類の大きな課題になっています。

——すると、あるべき社会の形を重視するイスラームのもつ力は、なにかしらよい方に

発揮される可能性もあるかも？

④ 宗教の平和への貢献――ガンジーの非暴力

見てきたように、宗教のなかには暴力によって成り立つ現世の政治的な秩序をどうやって超えていくか、是正《ぜせい》するかという命題《めいだい》があって、キリスト教でいえば愛、仏教でいえば不殺生、慈悲というものがそれを表わす理念といってもいい。しかし、それはなかなか地上では実現しません。でも少しでもそれに近づけていく可能性はいつでもあって、宗教者はその方向へ社会を向けてゆこうとする。これは宗教の平和への貢献《こうけん》ということになります。そこで宗教的な非暴力抵抗に注目すると、インドの政治家であり思想家でもあるマハトマ・ガンジー（１８６９―１９４８）はその代表者といえるでしょう。

――ガンジーは地主だとか、力をもった身分だったのですか。

彼はヴァイシャ出身です。バラモン（僧侶）、クシャトリア（王族、騎士）のもう一つ下の商人階級ですね。インドの西のほう、パキスタンに近いグジャラート州のアーメダバードの比較的豊かな家に育ちましたが、地位がそれほど高かったわけではありません。19歳のときにイギリスに留学して、弁護士になります。

――商人にはならなかったんですね。

そうですね。弁護士になったことの一面には、イギリスのジェントルマンに近づき、高い社会的地位を得ると同時に、イギリスの支配に抗《あらが》っていく意志があったんじゃないでしょうか。イギリスにいたときはいかにもジェントルマンふうの格好をし、その文明に馴染《なじ》むような態度をとっていました。それが1893年から約20年、南アフリカで弁護士として働くこととなり、アパルトヘイトのなかでインド人に対する露骨《ろこつ》な差別も経験します。列車の一等車の券を持っているのに乗れなかったり、ターバンをかぶって法廷に立とうとしたら脱《ぬ》げと言われたり、屈辱《くつじょく》的な経験をするうちに「この支配を終わらせなければならない」と考えました。そして単に近代的な権利や平等、自由だけでは足りない、宗教的な思想が必要だと考え、新しい理念を打ち出してゆきます。力で何かを勝ち取るのではなく、真理をもって闘う。したがって、自分が目指すところを得たときに、相手が敗れて屈《くっ》辱《じょく》を感じるというものではなく、相手もその真理に感化される、そういうありかたを求めました。これをサッティヤーグラハ（真理の力）といいます。

――勝てばいい、というのではないのですね。

5 家族はエゴのはじまり？

もともとガンジーは、家族の信仰はあったけれども自分はそれほど熱心ではありませんでした。ただ、以前からイギリスのジェントルマンのありかたでは十分ではないと考え、ヒンドゥー教や仏教の勉強をしていました。そして、南アフリカにいるあいだにそういう方向に傾いていったようです。それでベジタリアン（菜食主義）となり、さらには性的な禁欲、ブラフマチャーリアを実践するようになります。

1915年、46歳でインドに戻り、植民地の解放、インドの独立、いわゆるヒンドゥースワラージ（インドの自治）を唱えます。ところで「ブラフマチャーリア」には、非常に宗教的な意味があります。実際には夫婦の関係を断つんですね。

——なんだかブッダみたいですね。

ただ、ブッダの妻子が彼の出家後も不満を抱いたとは伝えられていないのに、ガンジーのほうは妻子には怨まれたようです。とはいえ、ブッダは自分の子どもの名前を「お荷物（束縛《そくばく》・障碍《しょうがい》）」という意味の「ラーフラ」と名づけたと伝えられています。

——ひどい！

ガンジーも妻や息子を「お荷物」のように遇《ぐう》したと受け取られた可能性があります。妻は自分が軽《かろ》んじられたと思い続けたでしょうし、何人かいた子どものうち父親に反抗した子もいました。

——ずいぶん孤独ですね。でも信者のような人がたくさん集まってきたのかな。

理想を掲げる共同体運動は しばしば家族を否定する

南アフリカ時代から、サッティヤーグラハアシュラムという、共同修行場のような場をつくって集団生活をしました。アシュラムは「精神的な修行の場」の意味です。そこには家族を超える面があります。理想主義的な共同体運動は、しばしば家族を否定するんです。マルクスの盟友《めいゆう》エンゲルス（1820－95）が『家族・私有財産・国家の起源』（1884年）という本を書きましたが、共産主義は私有財産を超えていけると考えます。私有財産のもとは家族です。家族がエゴイズムのはじまりというのはそこで、家族を守ろうと思えば家族とそうでない者を差別し、家族のために財産を蓄える、それがどんどん広がっていく……ガンジーはロシアの作家トルストイ（1828－1910）に大きなインスピレーションを得ました。

――え？　トルストイは仏教ではないですよね。

ロシア正教でしたが、そこから抜け出して「トルストイ教」とでもいえるようなものに至りました。奥さんは、ソクラテスやモーツァルトの妻とともに三大悪妻といわれますが、彼は最後、家出をして駅舎《えきしゃ》で亡くなりますね。妻のソフィアはトルストイが宗教や社会活動に傾倒して家庭を顧《かえり》みず、晩年は印税や地代の受け取りを拒否しようとし、著作権や他の遺産を「ロシア国民に移譲する」との遺言状を作ろうとするなかで、十数人の子どもたちを養うために苦労をしたと伝えられています。妻や家族に冷たかったとも受け取れます。

――それ、奥さんが悪いのかなあ。

トルストイは地主としての地位を捨てるべきかということにずいぶん悩んだんですね。共産主義と同様、宗教でも財産をもたないという理想を実現しようとしばしば試みられますが、そういう側面をガンジーももっていたということです。

――家族を否定するとなると、これまた「平和」や「愛」と少し違ってくる気も……。

うーん、やはり家族を大事にすることは暴力に通じる面もあるのです。ブッダの出家にも反映しています。家族には家父長権《かふちょうけん》やその争いもあり、昨今のように児童虐待《じどうぎゃくたい》もあり、前にお話ししたように父殺しの心理もあり……、繰り返しになりますが、そもそも家族を守ることはそれ以外の者を差別することにつながりかねませんし、現代ではとくに家族をもつから組織に従属したり、財産確保に努めなくてはならず、子どもを養うためにはいやな配偶者から離れられず、なんでも我慢しなくてはならない場合もある。独身女性などとくに「家族なんてとんでもない」という人は少なくないでしょう。

――お父さんが嫌い、とか（笑）。家族を幸せの象徴とも思いたいのですが、暴力の原因でもあるのですか……。ガンジーは最後まで家族関係には恵まれなかったんですか。

ですから、そこには批判もあります。仏教は非常に平和な教えともいえますが、ときに、極端な禁欲主義、自己犠牲を求める例もあります、次にお話しする宮澤賢治にも通じますが。

ガンジーはいろいろな方法で弱い立場の者たちの権利を守るのに、暴力をもってではなく、むしろ自分たちが傷つきながら、そのことを通して相手を感化し説得し、こちらに従わせる方法を用いました。一つは、イギリスが特許制のようにして禁止していた塩をつくりました。勝手につくれば捕まえられる、しかし出所すればまたつくる、という運動です。捕まることは暴力を受けることですが、暴力を返すことはしない、しかし精神的には相手がダメージを受け、抵抗運動の共鳴者がふえていく、そういう闘いをはじめます。それがある時期から断食《だんじき》になります。最初は内輪《うちわ》の争いを超えていくための断食でしたが、ついには死ぬまでの断食、無期限断食となり、これがイギリスを屈服《くっぷく》させる力となりました。

――極端なハンストですか……。手放していいことと言えるのでしょうか。

その後の経過をみていると、断食で抑圧的な権力の態度をかえるのに成功する例はあまりなくなってくるようです、それでイスラームの場合は自爆テロになり、仏教では焼身自《しょうしん》殺（捨身供養《しゃしんくよう》）になる――ベトナム戦争のときにベトナムの僧侶からはじまって、最近は中国の支配に抗議するチベットの人たちが焼身自殺をしています。しかしブッダの「捨身飼虎《しこ》」のような菩薩《ぼさつ》の考えからいっても、仏教には自分が痛むことで相手を感化しながら状況を変えていくという理想があるのですね。

――それも、貫《つらぬ》けば不幸とは言えないのかもしれませんが……。

これについてはいろいろな議論があって、非暴力抵抗運動は一種「柔術《じゅうじゅつ》」のようなものであると、つまり相手が使う力を利用して自分が勝ってしまう戦略がありうるというのです、巧《たく》みにやれば、ですが。現代の政治戦略としても一定の有効性をもっていて、平和模索につながる、ともされます。アメリカのアーミッシュのように、相手を許すことがじつは政治的勝利につながることもある。

――とことん許して願いをかなえるのですね。

ええ、そういうやり方でほんとうに成功するかは難しいのですが。うまくやるとね。「政治的柔術」という学術用語が使われていて、「ジュージツ」political jiu-jitsu がいま、そのまま英語になっているんですよ。

6 宮澤賢治の理想

ガンジーの影響を受けたかどうかはわかりませんが、宮澤賢治（1896－1933）は同じように非暴力による平和の実現という考え方をもっていました。「雨ニモマケズ」の詩や「なめとこ山の熊」などの物語にもよく表われています。そのモデルになったのは、法華経《ほけきょう》のなかの「常不軽《じょうふきょう》菩薩」という菩薩の話です。法華経は菩薩行を説いたお経で、自らを犠牲にしても他者のために尽くす、そのことがブッダに近づいていく道となり、社会を平和にもするのです。

　常不軽菩薩とは「常に軽んじない」、すべての人は仏性《ぶっしょう》をもっていて、どんな人にもその仏性に向かって手を合わせて拝む、それを主な修行として行ないます。ただ、そうするとしばしば自分が暴力の対象にもなる。けったいな奴《やつ》だ、おれのことを拝むとはけしからん、と石を投げられる、ですので、元のサンスクリット語では「常に軽んじられる」の意味だったというのです。「雨ニモマケズ」に出てくるデクノボーは、じつは常不軽菩薩がモデルなんです。もともとこの詩は発表するつもりはなくて、亡くなったときに彼が常にもっていた手帖、いま「雨ニモマケズ手帖」と呼ばれていますが、その手帖にメモされていました。そこには他にも、常不軽菩薩をうたった詩が出てきます。晩年の賢治は自ら常不軽菩薩を心掛けた生活を目指していたんですね。

「雨ニモマケズ」

雨ニモマケズ／風ニモマケズ

雪ニモ夏ノ暑サニモマケヌ／丈夫ナカラダヲモチ
慾ハナク／決シテ瞋《いか》ラズ／イツモシヅカニワラッテヰル
一日ニ玄米四合ト／味噌ト少シノ野菜ヲタベ
アラユルコトヲ／ジブンヲカンジョウニ入レズニ
ヨクミキキシワカリ／ソシテワスレズ
野原ノ松ノ林ノ蔭ノ／小サナ萓《かや》ブキノ小屋ニヰテ
東ニ病気ノコドモアレバ／行ッテ看病シテヤリ
西ニツカレタ母アレバ／行ッテソノ稲ノ束《たば》ヲ負ヒ
南ニ死ニサウナ人アレバ／行ッテコハガラナクテモイヽトイヒ
北ニケンクヮヤソショウガアレバ／ツマラナイカラヤメロトイヒ
ヒデリノトキハナミダヲナガシ／サムサノナツハオロオロアルキ
ミンナニデクノボートヨバレ
ホメラレモセズ／クニモサレズ
サウイフモノニ／ワタシハナリタイ

南無無辺行菩薩／南無上行菩薩／南無多宝如来／南無妙法蓮華経

南無釈迦牟尼仏／南無浄行菩薩／南無安立行菩薩

「南ニ死ニサウナ人アレバ／行ッテコハガラナクテモイ、トイヒ」、「北ニケンクヮヤソショウガアレバ／ツマラナイカラヤメロトイヒ」は争い合いをやめる、そういうことを言っているとおそらく皆にデクノボーと呼ばれるのでしょう。「ヒデリノトキハナミダヲナガシ／サムサノナツハオロオロアルキ」は、助けようとしても力には限りがあるので、痛み悲しむ人とともに自分も痛み悲しむ、そういう位置に自身を置く、そうして自分も痛みをこうむる。自ら犠牲になる話は賢治には多くて、そこには人とともに自分も痛む、そうしてこそ菩薩行が実現できるという考えがあります。「アラユルコトヲ／ジブンヲカンジョウニ入レズニ／ヨクミキキシワカリ／ソシテワスレズ」、これは大変なことです。さらに「慾ハナク／決シテ瞋《いか》ラズ／イツモシヅカニワラッテヰル」、これこそ常不軽菩薩の賢治流の捉え方、非暴力の彼なりの理想でした。

また「なめとこ山の熊」をみてみると、貧しい猟師の小十郎は金持ちの商人に軽蔑され、いいように搾取《さくしゅ》されながら、熊のいのちを奪って暮らしている。けれど熊とのあいだに信頼し合う、互いのいのちを尊び合う関係をなんとか実現しようとしています。そんな生き方を賢治も目指したのではないでしょうか。当時の日本が、外では他国を侵略して戦争する、国内では貧しい人、とくに東北などでは農民がひどく苦しんでいる、賢治の生き方はそんな状況をどうすれば超えていけるかを、身をもって示そうとした現れだと思います。宗教がもっている非暴力の理想、理念をどうすれば今の社会でかたちにしていけるかを賢治なりに全生涯をかけて求めた、ということでしょう。

――宮澤賢治のような人は、神がかり的というか、預言者みたいなところがあった?

敏感さゆえか、人の悪意や争い合いに耐えられなくて勝手に苦しんでいる、そんなふうに見えるところがあるんですね。そこが表現の深みにつながっているのかもしれません。またお父さんが熱心な浄土真宗の信者でしたが、賢治自身はある種天才的な人で、時代のなかで際立った表現力をもったと言えるでしょうか。

――天才的な感性が時代の悪を嗅《か》ぎ取ったんでしょうか。

そうですね。アンデルセンやトルストイなど西欧文学の影響も受けたでしょうし、少し前に有島武郎《ありしまたけお》(1878-1923)という人がいました。豊かな家に生まれ、学習院やアメリカの大学で学び、やがて作家となりますが、受け継いだ北海道の土地（有島農場）を小作人に分けてしまう。最後は心中して亡くなりますが、暴力的な体制を超えるための生き方をなんとか実現しようという精神で苦しんだ人です。

――やはり仏教徒ですか。

内村鑑三《うちむらかんぞう》（１８６１－１９３０、無教会主義や非戦論を唱えた宗教家）の影響も受けており、キリスト教の信仰をもった時期もあったのですが、それにも従えなかった人ですね。

――時代ごとに、ポイントとなる人が出てくる感じ？

まあ、この後にはキリスト教に影響を受けた芥川龍之介《あくたがわりゅうのすけ》（１８９２－１９２７）や、太宰《だざい》治《おさむ》（１９０９－48）だとか悲劇的な生涯をたどる作家が出てきますし、賢治が決して孤立した特別な人ということではないでしょうね。

賢治は法華経に帰依《きえ》する気持ちがたいへん強く、「農民芸術概論綱要」という文章のなかに次のような言葉も残しています。

「ぜんたいの幸福」を願った賢治の思いはブッダに通じていた

「世界ぜんたいが幸福にならないうちは／個人の幸福はあり得ない／自我の意識は個人から集団社会宇宙と／次第に進化する／この方向は古い聖者の踏み／また教へた道ではないか／新たな時代は世界が一の意識になり／生物となる方向にある／正しく強く生きるとは銀河系を自らの中に／意識してこれに応じていくことである／われらは世界のまことの幸福を索《たず》ねよう／求道《ぐどう》すでに道である」

非暴力だけでなく、ここでは人間個人が地位や立場の違い、さらに国境もこえて一つのものとしてとらえられ、さらに自然や宇宙とも一体のものとして考えられています。それは暴力を否定することはもちろん、身近なところで動植物をも含めて生きとし生けるものを傷つけ、痛みを与えてしまうことを避けられない私たちの哀しみに思いを致しながら、そうでない「ぜんたいの幸福」を願っている言葉なのではないでしょうか。

――そうなれれば理想的かもしれませんが。

これは『ブッダのことば』（スッタニパータ）の「慈《いつく》しみ」と題された次の言葉に通じるものがあります。

「いかなる生物生類《しょうるい》であっても、怯《おび》えているものでも強剛なものでも、悉《ことごと》く、長いものでも、大きなものでも、中くらいのものでも、短いものでも、微細《びさい》なものでも、粗大《そだい》なものでも、目に見えるものでも、見えないものでも、遠くに住むものでも、すでに生まれたものでも、これから生まれようとするものでも、一切の生きとし生けるものは、幸せであれ」

「何びとも他人を欺《あざむ》いてはならない。たといどこにあっても他人を軽んじてはならない。悩まそうとして怒りの想いをいだいて互いに他人に苦痛を与えることを望んではならない。あたかも、母が己《おの》が独《ひと》り子《ご》を命に賭《か》けても護《まも》るように、そのように一切の生きとし生けるものどもに対しても、無量《むりょう》の（慈《いつく》しみの）こころを起すべし」

「また全世界に対して無量の慈しみの意《こころ》を起すべし。／上に、下に、また横に、障害なく怨みなく敵意なき（慈しみを行うべし）」（以上、中村元訳）

実際にはなかなかできないことかもしれませんが、ブッダは「不可能なことでもそうありたいという気持ちをもち続けてはどうか」と説いているのではないでしょうか。その底にはやはり不殺生の心、生きるものすべてのいのちへの慈しみの念があります。

――実際には難しくても、そうありたい、と思うことから始まるのですね。

第6章

日本の宗教にはどんな特徴があるの?

1 「宗教」の語源

——**そもそも日本語の「宗教」という言葉はいつからあるのですか？**

「宗教」はじつは仏教のなかにあった言葉なんです。

——**あ、仏教用語なのですか。**

ただ西洋語のreligionに「宗教」という訳語をあてる前に、「奉教《ほうきょう》」とか「信教」、「教法」、「法教」、「聖道」、「宗門」、「宗旨《しゅうし》」とかいろいろと他のアイデアもありました。

——**翻訳ということは、明治以後ですね。**

そういうことです。仏教での「宗教」は「宗の教」と「宗と教」の二つの意味があったと言われています。「宗」は「おおもと」ということです。「教」は言葉にしたteaching（教え）で、「宗」の方は「おおもとの大事なもの」「真理」、まあ「法」（ダルマ）に近い、それを言葉で表わしたのが「教」となります。ですから「おおもとの宗の教」と「おおもとの宗と教」の両方の意味をもつ、仏教のなかではそういう言葉としてありました。ただ、江戸時代に「宗門」という言葉があって、いろんな宗教がグループに分かれていてコントロールの対象であることを指していました。そのなかでいちばん危ないとされたのが「邪宗門《じゃしゅうもん》」、キリスト教です。そこで江戸幕府は「宗門をしっかりコントロールしなきゃいけない」と考えるようになりました。「宗教を政治がコントロールする」、どうもその意味が翻訳する時に入ってきた。それで「宗門の教え」としての「宗教」という意味が強くなった——というのが私の仮説です。

——上からの視点で訳されたということですね。でも定説はないということですか。

そこはたいへんで、私ひとりでも論文集が1冊つくれるくらいです（笑）。たとえばまだ「宗教」という語が定着していない頃、明治7年（1874）に創刊された『明六雑《めいろくざっ》誌《し》』で発行者のひとりでもある森有礼《もりありのり》（1847–89）が「宗教」という訳語を使いました。ただ、実はそれより少しさかのぼって、慶応《けいおう》（1865〜68年）の段階で外交文書に出てくるのが最初と言われています。つまり実際は通訳が使いはじめたのですが、森有礼は後に文部大臣もつとめたくらいですから影響力が強かったのです。といっても最有力だったわけではなく、「奉教」「聖教」、さらに「法門」など「教」を使わない候補もありました。

——まだ揺れていたのですね。するとそれまで一般の人は、「宗教」という言葉は知らなくても、そういったものの存在は知っていた、という感じでしょうか。

そうですね。そもそも西洋の religion という言葉自体にも適切な用語かどうかの議論があって、今でももめています。それを日本語にあてはめる段階でまた問題が生じたということです。じつは「仏教」という言葉も主要な用語になったのは比較的新しくて、いま仏教と言っているものを中世では「仏法」と表わしていました。ブッダが示した深い真理そのものですが、お寺も「仏法」、僧侶や仏具も「仏法」というふうに広い包括的《ほうかつてき》な意味がありました。また「仏道《ぶつどう》」という言葉もあって、つまり「教」より「法」「道」のほうがアジア的には根源的なものなんです。しかし、先に述べましたように日本には江戸時代か

「政治が宗教をコントロールする」という考えが日本にはあった

ら「政治が宗教をコントロールする」という考え方があり、そこには儒教が政治を導く主体で、そこから仏教やキリシタンをコントロールする、という東アジア的なコンテクスト（文脈）がありました。ところが仏教的にはそれは違う、むしろ奥深い真理そのもの、つまり「ダルマ」を表わすものこそが宗教だという考えがあるわけです。西洋でも、キリスト教徒側は「religion は人類のもっとも深い真理を表わしているものだ」といい、宗教を信じない側は「人間が勝手につくってきた信念体系として宗教がある」という、そのコンフリクト（葛藤《かっとう》）のなかで言葉が使われてきたわけです。そういった背景もあり、明治初期に明六社の人たちも訳語に苦労します。明六社というのは、西洋近代文明を日本に導入するために骨を折った学者たちの集まりです。儒教的な思想と西洋由来《ゆらい》の近代啓蒙主義的な思想が骨格にありますから、政治的に宗教をどうコントロールするかという関心がやはり強いです。そこで固められていった訳語が「宗教」ということになります。その意味で「宗門の教え」という解釈が主流ということになるわけです。

――宗教の集団をコントロールするということで。

そうですね。人間の仲間たちが勝手につくり、時には政治をおびやかす集団――一向《いっこう》一揆《いっき》（浄土真宗の僧侶や門徒による大名の領国制支配に対する戦い。室町時代末期から越前や加賀、三河や近畿地方など全国各地で起こった）やキリシタンなどがあったわけですから。それを徹底的に叩いたのが織田信長や豊臣秀吉、徳川家康で、彼らにすれば放っておけば国家秩序を乱すたいへん危ないものでした。

――政府側がそういうものと見なしていたために「宗教」の訳語が選ばれたと。江戸時代に「宗門」といったとき、儒学はそこに含まれていたのですか？

儒教・儒学は「宗門」には入っていませんでした。ところが他方、先にも出ましたが「三教」という言葉があって、そこには含まれるんです。「三教」は中国的には「儒・仏・道」、日本的には「神・儒・仏」で、「三教」＋「邪宗門」が「宗教」ともいえます。

――ちなみに「信仰」という意識は庶民にはあったのでしょうか。こないだ遠藤周作さんの小説『沈黙』を読むと、江戸時代のキリスト教徒はすごい信仰心だなって。

人によって数え方が違いますが、キリシタンは１００万人ぐらいまで増えたとも言われますね。九州は放っておけばキリスト教の地域になったかもしれません。デウス（神）が最初は「大日《だいにち》」と、仏教の如来さまみたいに訳されました。阿弥陀仏《あみだぶつ》なりお釈迦さまなりに手を合わせて拝むのと、キリシタンが神にお祈りをするのは近かったんですね。ところが、キリスト教が伝来すると、驚くべき勢いで広まった。そこで秀吉や徳川幕府は「新しいとても危ない宗門だ」という感覚で厳しく禁圧《きんあつ》する政策に転じたのでしょう。

2 平和な世なら宗教はいらない?

――西洋から来たキリスト教が日本であれほど広まったのも、虐《しいた》げられた人たちの苦しみの大きさに比例しているのかな。

そこで求められる「救い」という観念は、やはり苦しみ、痛みを強く意識していることになります。宗教全体にそういう側面はあるとしても、苦難のところに〝おへそ〟があるのが救済宗教ですから。

私の理解では、救済宗教はどうしても「国家」と関わってきます。つまり「宗門」という言い方も、国家の側から見ている。国家は支配秩序をつくるので、そこには勝つものと敗けるもの、殺すものと殺されるものがいるわけです。救済宗教はその不条理《ふじょうり》——階級社会の不条理といってもいいですが——を強く意識しています。力でおさえるということは、人間本来のあり方ではない、そのことを意識して現実の国家秩序とは異なるヴィジョンを示すところに救済宗教の力がある。ただそうなると、今度は救済宗教と国家が一体になってくるので、イスラームなどはとくにそうですが、典型的に「国家対宗教」という図式にならなくなってくることもある。そこで、これまでみてきたように、「暴力」に関連して「国家対宗教」の関係をとらえるとわかりやすくなるのです。

——するともし……あり得ないとしても、ものすごく平和な世の中であれば、宗教はなくなるのでしょうか？

そういう世界を宗教は夢みています。暴力のない世界——とても想像しにくいけれど、ある条件で人が共同生活をしていればそれに近い状態はできる、これまでもそういうものをつくろうとしてきました。また、古代にはそういうものがあったのではないか、という

階級や貧富の差がない縄文社会では殺し合いは起こりにくかった

のは、狩猟民はあまりお互いを殺し合ったりしないと言われますね。最近の新聞でも、縄《じょう》文人《もん》の1000体以上の人骨データを調べたところ、他人の暴力で死亡したと思われるのはわずか1・8パーセントで、戦争が起こるのは本能からではないことを示唆《しさ》する結果となった、という記事がありました（2016年8月14日付、日本経済新聞）。

――狩りが上手だとか、優劣はありますよね？

ええ、ただ縄張《なわば》りを争うことはあっても、十分に広い土地であれば棲《す》み分けができるでしょう。ところが農耕社会になると、どうしても富が集積して囲い込まざるを得ず、強いものが弱いものを抑圧したり排除しはじめる。そして都市が興る。余剰ができてくれば、貧富の差が生まれて富の独占がはじまり、階級社会になり、富の奪い合いが起こる。そのことと救済宗教が生まれることは関わりがあるという話は第3章でしました。

3

埋葬にこめられた祈り

――日本で最初に宗教といわれるものが始まったのは……もしや邪馬台国《やまたいこく》の卑弥呼《ひみこ》（3世紀半ば）とかですか？

それ以前の縄文時代（約1万2千～約2400年前）の遺跡にもお墓があります。これは古いです。お墓があれば、副葬品《ふくそうひん》や祈りの痕跡《こんせき》を表わすものがたいていありますね。たとえばお尻の大きな女性の形をした土偶《どぐう》は、豊穣《ほうじょう》と多産《たさん》を願ったものといわれます。

――縄文時代のお墓というと……。

青森の三内丸山遺跡《さんないまるやまいせき》など、共同生活をしている場所では一定の区域にお墓が設けられたようです。

——ナントカ教ではなくても、埋葬などに宗教的なものがすでに表われているのですね。

たとえば死者の手足を折り曲げて葬《ほうむ》る「屈葬《くっそう》」には、死者の霊が迷い出てこないようにという念が込められているとされます。古墳時代（3世紀末〜7世紀）になると、死後の霊のための副葬品が埋められました。王のために死ぬという観念もあったようで、殉死《じゅんし》のかわりに埴輪《はにわ》が埋められたと伝えられています。ただ宗教的なものの起源については、第2章で述べたように進化生物学や認知《にんち》科学などの新たな考え方も出てきてさまざまです。

——日本はなんとなく仏教のイメージがあるけど……。

それも外国からきたものです。仏教は6世紀に朝鮮半島の百済《くだら》からもたらされました（このとき儒教もいっしょに伝来しました）。当初は最先端の学問でもあった仏教を享受《きょうじゅ》できたのは限られた人たちでしたが、聖徳太子が普及させるなどして支配階級に広め、仏教の教えで国の安定をはかろうとしました。それで、あちこちに今も残る立派な寺院や大仏が造られたのですね。そうするうちに、日本固有の神々への信仰と仏教への信仰を同一のものとした「神仏習合《しんぶつしゅうごう》」という方向へ進んでいきます。

――そういえば今でも「神さま仏さまお願いです」と一緒に言ったりする……。

その考えは早くから広まって日本仏教の主流になりましたが、明治維新で国家が祭政《さいせい》一致の理念とともに神道を保護しようと打ち出した神仏分離令でいったん否定されます――その際、廃仏毀釈《はいぶつきしゃく》といって仏教は激しく排撃されました――が、現在も一般の人にはそれほど仏教への違和感はないですね。

平安時代になると、唐で学んだ最澄《さいちょう》（767－822）や空海《くうかい》（774－835）が仏教のなかでも深遠で高度の教えであるとされた密教《みっきょう》を伝えて天台宗《てんだいしゅう》や真言宗《しんごんしゅう》などを開いて国家とむすびつきを強めつつ、民衆に受け入れやすい教えも取り込んでいきます。今も多くの信徒をもつ浄土教の支持者が増えていくのは、平安中期以降です。そのうち民衆に広まる仏教を抑《おさ》えられなくなってきます。

――世の中が大きく動いていく時期ですか。

そうですね。貴族にかわって武士が力を得ていく時代です。前後して、厳しい修行によって悟りを得ようとする禅宗の教えも中国から戻った僧によって伝えられます。ただ、重税や農作業などで苦しい日々を送っている多くの人たちにとって修行での救いは容易ではありません。そんななかで、ひたすら阿弥陀仏を信仰して「他力《たりき》」によって救われるとする浄土教の教えが受け入れられてゆくのです。

4 「自力」と「他力」

――他力って？

具体的には親鸞《しんらん》（1173－1262）がはじめた浄土真宗の流れですね。その前に、師である法然上人《ほうねんしょうにん》が広めた浄土系の専修《せんじゅ》念仏の教えがあるのですが、「自力」と「他力」ということを非常に強調するのは、中国にもそういう人はいましたけれど（曇鸞《どんらん》という六世紀前半の僧です）、法然とともに親鸞の影響が大きいです。この場合の自力は、自分で修行する仏教——今でも千日回峰行《せんにちかいほうぎょう》（比叡山《ひえいざん》などの峰々を千日をかけて巡る厳しい修行）などいろいろありますね。禅はもちろん修行重視の仏教で、大乗仏教が中国で独自のかたちに展開したものです。これら修行による悟りを説く仏教に対して、自分の力ではとても悟りに至ることはできない、そのことを自覚してひたすら南無阿弥陀仏《なむあみだぶつ》と唱え、阿弥陀仏の慈悲に頼る、というのが浄土教の「他力」の信仰です。そうすれば誰もが救われて極楽浄土に往生できる、それこそが阿弥陀仏の本願だというのです。煩悩にとらわれた凡夫《ぼんぷ》は仏の救済に頼るしかなく、自分で善をなすことができないような悪人こそ阿弥陀仏の救いの対象だという「悪人正機説《あくにんしょうきせつ》」も親鸞の語録『歎異抄《たんにしょう》』で説かれています。これは自力を否定していることになりますが、というのもいまや「末法《まっぽう》」だから、つまり本来の仏教ではもう悟りに行きつくことができない世の中になってしまったから、というわけです。末法思想というのは、お釈迦さまが亡くなって千年、２千年たつと、その教えがすたれ、正しく働かない時代になる、という大乗仏教にある考え方で、日本では１０５２年（永承《えいしょう》７）から末法に入ると思われていました。貴族社会が崩れて、源平の争乱を経て武士の社会になっていく動乱の時代に、「末世である」という考えが広く受け入れられたのです。

——ひたすら念仏して救われることをたくさんの人が願う時代背景がちゃんとあった

んですね。

このように念仏による極楽往生を説く仏教を「浄土門」といい、逆に自力が重要な要素とされる仏教を「聖道門《しょうどうもん》」といいます。しかし、法然が『選択《せんちゃく》本願念仏集』という書物をまとめて、「もはや聖道門では救われない、浄土門でなくてはならない」と主張したときは、大きな反発を招きました。それまでの仏道を行なっていた人たちが、どうでもいいことをしていたことにされてしまうわけですから。そこで法然や弟子の親鸞は流刑《るけい》にあいます。それでも日本で浄土門の考えが大きく広まったのは、政府がサンガ（僧団）を統御《とうぎょ》する力を失い、主従や師弟の関係で強固な集団が構成される封建《ほうけん》社会になったという時代背景があります。浄土教の思想は中国でもかなり広まりましたが、「ひたすら念仏でなければ救われない」というような宗派が強力に展開したのは日本の特徴でしょう。法然と親鸞は、日本人の宗教心を考えるうえで、とても重要な仏教者です。

念仏すれば救われると説く浄土教は時代とマッチして爆発的に広まった

5

「道」と宗教

――宗教が権力と絡んだり、他力の教えが広がったり……だんだん戒律や修行などの緊迫した営みはしぼんでいったのでしょうか。

そういうわけではありません。中国に渡った栄西《えいさい》（１１１４－１２１５）や道元《どうげん》（１２００－53）は、修行や瞑想《めいそう》を重んじる禅の教えを伝え、広めました。また日蓮《にちれん》（１２２２－82）は法華経を尊ぶ天台宗の教えを独自に解釈し、法華仏教に統一することで日本の仏教を立て直そうとしました。栄西が開いた建仁寺《けんにんじ》や道元が開いた永平寺《えいへいじ》のような禅寺では、今もたいへん厳しい修行生活がつづけられています。叡尊《えいぞん》（１２０１－90）や忍性《にんしょう》（１２１７－１３０３）は戒律の復興を唱えて広く支持を得ました。

――永平寺って行ったことあります！　立派なお寺でした。

現代も修行の文化を復興させる動きはあります。宗教でなくても芸能、中国の気功《きこう》、ヨーガなど。日本でいうと「道」ですね。「道」は東アジア的に宗教に対応する言葉ですが、これが身体技法的なもの、修行的なものにつながっているのが日本の特徴といえるでしょう。山岳《さんがく》修行の修験道《しゅげんどう》は民衆の宗教に大きな影響を与えました。さらに、書道、華道、柔道、剣道、茶道、合気道《あいきどう》、弓道、俳句、舞踊、占い……。

——武士道なんて言葉もよく聞きますし、場所として道場というのもありますね。

何かにつけて「道」になります、私の場合は〝水泳道〟ですが（笑）。

——相当に極《きわ》めてますもんね。泳いでいて無心になるのは立派な修行かも！

ははは（笑）。そのなかには歌舞伎や能、狂言、お茶やお花の家元など、世襲《せしゅう》で伝わるものも多いです。道に携わる人たちがその精神的文化を伝えている。ほかにも陶芸などの職人さんや、たとえば料理の道を極めることも、日本では精神的な修行の要素をもちます。

商業的な行為、サービスに関わることもそうとらえる文化があります。これらは、ある意味でいま人気がある分野かもしれません。

——文化と宗教が一緒になっている？

それも日本の特徴で、「道」がさまざまな文化的なものとつながっている。その伝統でいえば、歌道が非常に重要です。和歌を通して精神的な価値を実現することが古来なされてきました。前にも触れた『古今集』の仮名序に「力をも入れずして天地《あめつち》を動かし目に見えぬ鬼神をもあはれと思はせ……」とあって、歌は天地も神をも動かすと思われていました。西行は最たるもので、伊勢神宮に歌を奉納《ほうのう》し、神のこころを動かすことで天下の安寧《あんねい》を祈ったりしています。彼が伊勢で詠んだと伝わる「何事のおはしますをば知らねどもかたじけなさに涙こぼるる」などは日本人の感覚をよく表わしているでしょう。やまと歌（和歌）には仏教の要素がたくさん入っていますが、それとは独立に歌そのものの道が求められ、芸道になってくるんですね。

——そんなふうに道と文化がつながる例は、日本以外には見られないのですか。

日本では「道」が
さまざまな文化とつながっている

「道」という言葉の使われ方が、中国でたとえば「王道」となると、儒教的な理念とむすびついて天下国家に関わるものであり、まさに立派な君子が身につけるものです。道が個々の芸や技とつながって、誰でも手近なものから身につけられるのは、やはり日本の文化史の特徴かもしれません。

——そういわれれば日本の文化はたいてい、宗教となにかしら関係があるような?

もちろん欧米の詩歌や絵画なども聖書的なテーマは多いですが、日本はその傾向が強いと思います。逆にいうと、日本では宗教専属のそれほど権威をもった体制が成立してこなかった。たくさんの宗派に分かれてどんどん民衆化していき、教祖も近代になると続々出てくるようになりました。それくらい誰でもが宗教的なリーダーになれる、そこは少しアメリカも似ていて、自分の経験を通じて精神的な価値を広めることができたので、為政者《いせいしゃ》とイコールになることはめったになかったのかもしれません。いっぽうで、さまざまな「業《わざ》」や「型《かた》」を通して道を極めることが芸や文化に開かれていったのではないでしょうか。

大学の文学部で宗教学に進んでくる学生には、合気道や少林寺拳法《しょうりんじけんぽう》や弓道、茶道など、武道や芸道をやっている人がとても多かったんですよ。近代の演劇も道に通じるものになったのではないでしょうか。

――道を追究しながら宗教を学ぶんだ！　日本に生まれてよかった⁉

日本では、儒教はとくに江戸時代には、支配層の学問や思想の源として重んじられました。神道は明治以降、国家政策と強くむすびついて、ある意味で利用されていきました。しかし、出家や戒律を尊ぶもともとの仏教からみると、日本の仏教はだいぶ特殊な形になりました。浄土教の強い影響があったり、神仏習合の影響があったために、ふつうの人にとって身近なものになりました。誰でも実践《じっせん》できるような要素に力点が置かれるようになり、そのかわりにがっちりとした宗教としての仏教の枠組《わくぐみ》が見えにくくなりがちです。道という観点から見ても、仏教や儒教の全体的な枠組が見えにくくなって、個々のわざや芸の中で小さくまとまるようになりました。このように日本の宗教は身近にあり、手ざわりで理解できるようなものとしては大いに発達しました。ですが、全体としての人間のあり方や社会のあり方に対して理念を示し、方向づけるという点ではやや力不足というところかもしれません。

第7章

これからの宗教はどうなるの？

1 現代人と宗教

ここで、現代人と宗教について考えてみましょう。現代人、とくに先進国の人びとにとって、人間の弱さや苦しさは、少しかたちを変えてではあっても、これまでの人類と同様にリアルに経験できる。いや、せざるをえない。しかしそれを解決してくれる救いがあることを、理解しにくくなってきている。このために救済宗教を信じることがなかなか容易ではなくなってきている——と私は考えています。自分は無宗教だと考える人びとが増えているのは、救済宗教に対する距離感が広がっているからでしょう。

——それはなぜ？

科学を学び、社会についての合理的な知識を学ぶ現代人にとって、宗教の影響はどんどん後退していくという理論があります。よく説明できないものを「聖なるもの」として奉《たてまつ》っていた、非合理なものに頼っていた時代から、合理的な知識でそれらを理解するようになって、宗教から卒業していくという考え方です。これを世俗化といい、英語でいえばsecularization、これはsacred（聖なる）と対《つい》になるわけです。つまり聖なるものがsacred、逆に俗なるものがsecular。近代、現代になるにつれて聖なるものがどんどん減っていき、俗なるもののなかで人間は生きるようになるというのです。産業革命が起こって識字率《しきじりつ》が拡大し、科学が発展して天動説から地動説に変わり、天体のあり方は物理学で説明できるようになり、やがて生物の秩序はダーウィンの進化論で説明できるようになる。学校でも科学的な考え方を教え、そうなることで、かつては「神様のおかげで」とか「神話の時代に本来のものがあった」と考え、神秘的な領域、聖なるものとの関わりでこの世のさまざまな事柄が説明されていた社会が、合理的な知識で説明できる方向へどんどん変わっていく。皆が学校教育を受けるようになり、学校教育はその合理的な知識を授ける。このような変化が西欧では18世紀から続いてきており、日本でも、明治維新以後そうなってきたということになります。ただ、いま言ったような世俗的な領域は、仏教よりも儒教のほうが重視しているともいえますので、日本では16、17世紀あたりから儒教の影響を受けてすでに世俗化がはじまっていたとみることができるかもしれません。

――時代の変化とともに、人の意識が変わってきたのですね。

ええ。前に「宗教は争いを生む?」という話をしたときにも20世紀の後半に変化があったと述べました。もう一度詳しくお話ししたいと思います。

19~20世紀の3分の2、1960年代ぐらいまでは、そういうふうに世界はどんどん世俗化が進んでいく、と考える人が多かった。宗教を卒業して、人類は社会を、合理的な考えでもって、自分たちの力で動かしていく、という考えが強かったんですね。それを「魔術からの解放」とか「脱呪術化」とよんだりします。その動きを代表する思想の一つが唯《ゆい》物論《ぶつろん》で、社会主義国家が世界で増えていく時代は、宗教を卒業してだんだん世俗的な思想知識で社会が動いていくようになるという流れでした。

――1960年代というと、つい最近ですよね。

私が10代ぐらいまでの時代はそういう考え方が強かったんです。

――宗教がなくなっちゃうかも、という勢いで。

宗教的なものに頼らなくても人は幸せになれるという考えが揺らいできた

そういうことです。ところが、それが変わってきたんじゃないか。1970年頃を境に「どうもそうはいかないぞ」と。人間の力で自然を克服して神秘的なものに頼らなくてもよくなって、人間はますます幸せになる、という考え方は怪《あや》しいぞと感じるようになった。一面では物質的な富が増え、欲望は満たせるようになったけれども、代わりに環境を破壊し、人間同士のありかたは徐々に潤《うるお》いを失っていく。……それまでは、田舎《いなか》の人は宗教のなかでまどろんでいるといわれました。

――まどろんで！

ええ、「魔術の園」でまどろんでいると。近代人は「魔術の園」から解放されていく。宗教と魔術（呪術）は別のものですが関連しあっているので、「宗教と魔術」を「魔術」に代表させてこう捉えたわけです。これは宗教社会学の創始者マックス・ウェーバーの言葉です。都市で高い教育を受けた人が合理的な知識を使って自然を支配し、社会を動かしていくようになるにつれて、宗教や魔術から解放されると考えられていたのに、実際には都市というものが孤独で潤いのない、生きている意味を感じられない環境をつくっているという自覚が出てきたのですね。さらに、資源をほしいままに使っていけばやがて失われますし、石炭・石油などを燃やせば二酸化炭素が出る、原子力を使えば環境によくない……そうして科学のおかげで達成してきたものによって、自分の生きていく、いのちの源を壊《こわ》していることが自覚されるようになってきた。そして、いわば宗教的なものに戻る、という動きが出てきたのです。再魔術化という人もいます。それを代表するのが前にもふれた、1978年のイランの革命（〜79年）です。

イラン革命

イランのパフラビー朝の独裁体制を打倒し、イスラーム共和制を樹立した革命。イランでは〈イスラーム革命〉と呼びます。アメリカの支持のもと、石油収入により急速な近代化を進める国王は土地改革を中心とする上からの革命を断行。さらに経済格差の拡大や都市への人口集中などが重なり、伝統的土地所有者、商人、民衆などから強い反発を受けました。これに宗教界も加勢し、1978年、聖地コムでの学生デモ弾圧をきっかけに全国的な蜂起《ほうき》となりました。翌年国王が国外脱出、同年2月、亡命中の宗教指導者ホメイニが帰国して革命政府を樹立。革命には民族主義派や社会主義者なども積極的に関わりましたが、81年、〈法学者の統治〉論を取り入れたイスラーム共和国が成立。宗教上の最高指導者が立法・行政・司法を超える監督権をもつ体制を布《し》きました。

イラン革命は、ふたたび人に宗教や伝統文化へと目を向けさせた

――ホメイニ師を指導者として王朝を倒した革命ですね。

はい。この頃からイスラーム文化圏では、西洋風の合理主義の文化より伝統的なイスラーム文化のほうが信頼できる、という風潮が目立つようになりました。アメリカなどでも、高い教育を受けたけれどもやはり宗教が大事だと考える人が増えてきました。

――イラン革命でそれに気づいたということですか。宗教の指導者が、近代化をどんどん進める国王を倒してトップに立ったからですか。

イラン革命は一つの現れですね。アメリカのカーター大統領、レーガン大統領、ブッシュ大統領（親子）などもキリスト教に熱心で、アメリカでは宗教右翼《うよく》の力が目立つようになりました。その一方で、欧米の人びとの中には仏教やネイティヴアメリカンの宗教に共鳴する人びとも増えてきている。他の地域でも、１９８０年代以降は、世界の政治的な変動に宗教が関わる場合が多くなりました。どちらかというと若い人がむしろ宗教のほうを向く現象が起こってきたのです。第４章の「宗教は『危ない？』」でもお話ししたように、

西洋近代の合理主義にかわる指導理念を伝統宗教に求める動きです。これはキリスト教でもユダヤ教でもイスラームでもそうで、インドでもヒンドゥー教のナショナリズムが起こり、イスラームとヒンドゥー教とシーク教が対立しあう状況ができてきました。

――それはそれで困りますが……。そういう葛藤《かっとう》や矛盾を宗教はいつもかかえているような?

いっぽうで、今、ブータンが仏教を大切にしているがゆえに尊敬されたりします。

――ああ、テレビで見ました。ブータンの人たちの敬虔《けいけん》なようすには胸がうたれます。

前にも述べたように、マザー・テレサやダライ・ラマなどは、宗教をもっているからこそ尊敬できると感じる、こういうことが、20世紀の最後の4分の1で目立つようになってきたのです。

――宗教に帰れ、みたいな感じ?

2 スピリチュアリティの登場

ただその場合、近代以前に力をもっていた救済宗教にもどっていくというのではないようです。人間の限界として、たとえば「死」。科学の進歩に信頼を寄せていた時代は、逆に「死」というものから目を背《そむ》ける傾向があったのではないでしょうか。また「弱さ」。たとえば老いることも弱さですし、病にかかること、障害をもつ、生きがいが得られない、自分自身に納得できないなど、さまざまなかたちの弱さがあります。仏教でいう「生《しょう》老病死《ろうびょうし》」、ヤスパースはこれを人間の「限界状況」といいました。また人は挫折《ざせつ》を経験しますし、大事なものを失って悲しみにくれる、そういうものも合理的に解決できるという考え方もありますが、やはり限界があります。あるいは人が傷つけ合う。傷つけられて痛む、または傷つけてしまってその償《つぐな》いができない、それは「罪」となります。こういう経験は今もたいへんリアルで、とくに戦争や災害が起きるとそう感じます。20世紀の半ばにはアウシュビッツの大虐殺《ぎゃくさつ》（ホロコースト）、原爆による大量殺人などがあり、今でもテロやテロに対する戦いと称して空爆で多くの人が犠牲になり、難民が渡海《とかい》しようとして溺《おぼ》れ、事故・事件の類《たぐい》にも人為的《じんいてき》なものがたくさん入っている。自殺者やうつ病に苦しむ人も多い。非業《ひごう》の死や苦しみの経験はふんだんにあるわけです。しかし、それに対して救いがあるという感じをなかなかもてない。ですので、宗教にかかわる苦しみや悲しみの経験は豊かにもっているけれども、そこから救済宗教にいけるかというと、壁が高くなっている……これが現代の特徴ではないでしょうか。

――知識が増えたがゆえの悲劇という感じ。

もし人が実際に死に向き合うことになったとき、多くの場合はやはり宗教に目が向くでしょうが、宗教が提供してきた答えは素直には受け入れられない。そんななかで、人は宗教的経験に代わるものをいろいろなかたちで求めている。そこで出てきた言葉が、「スピリチュアリティ」です。各個人がおのおの聖なるものに向き合うありかたで、これは私が取り組んできた死生学《しせいがく》やホスピス、ターミナルケア、グリーフケアなどと関連しています。

――死生学って？

現代人は宗教的経験に
代わるものを探している

神様に祈って天国に召されるとか、阿弥陀仏にすがって極楽浄土に往生するとか、死ねば輪廻転生《りんねてんしょう》するといったことはなかなか信じられなくても、人は誰しも必ず訪れる死をなんらかのかたちで受け止めねばなりませんし、できれば安らかな死を望んでいるでしょう。近しい人の死によって悲嘆にくれる経験もあり、生きていれば遅かれ早かれ死に向き合わざるをえないものです。そこで、これまで人がどんなふうに死を迎えてきたかを、時代に即して、現代であれば自殺や災害による大量の死、無縁社会なども含めて広く学び、考える比較的新しい学問分野です。私は２００２年ごろから関わり始めました。

――かつて人は死んで成仏するとか、極楽浄土に行くことをほんとに「究極のゴール」と思っていたのかな。生きていて救われたいとは思わなかったのかな。死なないとちゃんと救われないのかな、あれ？

「死」というものが一つの問いになるとすれば、「死んでどうなるか」という問題があります。限られたいのち、限りあるものとしてのいのちはそれだけのことなのか、限りあるいのちをこえたいわば永遠のもの、無限のものと人間はどういう関わりにあるのか、といったことが問われてきます。それに対して宗教は明快な答えをもっており、学問はその答えと整合性《せいごうせい》がある知識の体系を提供しようとしてきた。西洋的にいうと形而上学《けいじじょうがく》です。つまり超越的なもの、限りあるものをこえた無限のものを前提としている。それに対して、この世で健康である、たくさんの人と楽しい時を過ごせる、立派な業績をあげられる……などはすべて有限の世界の、やがて忘れられたり滅びたりすることのなかの話に過ぎません。そうではなく、時をこえてこわれないものといかに関わりをもちながら生きていくか。そういう問いは、宗教が信じられている段階では当然考えられることで、それを忘れた学問や仕事や日常生活は、なにか空虚《くうきょ》で土台を欠いたものだと感じられた。しかし近代になるとそういう土台、基礎づけの部分、すべての根本になる部分が失われてきて、「この世で幸せであること」、つまり人びとと仲良く暮らし、美味しいものを食べ、お金を儲け、子どもができ、快適な家に暮らし、かっこいい自動車に乗り……。

――**病気にならない！（笑）**

ええ、そして安らかに死を迎える――といったことを望むようになる。それらは悪いことではありませんが、究極的なものではないんです。そういうものを究極的なものとの関わりで意義づけなければならないのですが、いまや有限のもの、この世的なもの、それこそが目的であるかのように表われてきている。科学技術や経済活動、あるいは家族生活などが最後に求めるものが快楽であり、すべてが快・不快の次元のことになってくる。

――現世利益《げんぜりやく》みたいな。

そういうことです。はかないものがすべてということになります。

――それで、むなしくなってくる。

ですね。現代社会の大きな問題は、このように根本的な土台を失った状態で、相対的なもののなかで生きていくと感じる人間たちが、こころの落ち着きを得ることができるか、共同の価値や規範を維持することができるか、文明の基礎を破壊するような方向へ向かってしまう恐れはないか。こういう問題です。核兵器を開発したことも、手段の次元の事柄が人類の生存を脅《おびや》かすことになったわけです。いまは遺伝子組み換え（ある生物の遺伝子の一部を種《しゅ》の異なる生物の遺伝子に組み込み、本来もっていない性質をもたせること）、ゲノム編集

現代の人たちはこころの落ち着きを得られる場所を失っている？

（生物が生きていくのに最小限必要な染色体やそこに含まれる遺伝子を操作改変すること）ができるようになり、いわば「いのちをつくって」いけるわけです。そもそも永遠のもの、無限のものとの関わりのなかでこそ意味をもっていたいのちが、手近な目的のなかで動いていく、操作される、意味や価値をつくられたり、削られたりすることになってきました。これはニヒリズム（伝統的な秩序や価値を否定したり、真理や道徳的な価値の客観的な根拠を認めない、虚無主義《きょむ》）に通じます。つまり人間が最終的な価値のないところで、相対的なもののなかでだけ動いていく――これが20世紀、さらに21世紀になって深刻に問われてきた哲学的、思想的な問いです。

――そのことが、スピリチュアリティにつながるのですか。

人は死に向き合い、よい行ないをしようと思って迷い、傷つき、苦しむ。あるいは大事なものを失って悲しみにくれる、そういった苦悩のなかで人間の有限性を思い知らされます。するとやはり無限のもの、時を経ても変わらない何かがなくてはならないと感じるのだと思います。たとえば、子どもが「生きていてもいいことないから死にたい」と言ったら、どう答えますか？「生きていると、こんないいことも、あんないいこともあるよ」と

人は時を経ても変わらない何かを求めている

言うこともできますが、やはりその人のもっている信念のなかに、人が生きていることの根本の価値みたいなものが必要じゃないでしょうか。

――もう一つの「輪廻転生」というのは、安らかに死んで成仏すればバンザイというのでなく、また生まれ変わりたい、という願いなのですか？

輪廻というのはインドではかなり広くある考え方で、ヒンドゥー教の人たちはガンジス川で沐浴《もくよく》をしますね。川のほとりには「死を待つ家」があって、死が近くなるとそこで最期の時を過ごし、亡くなると川べりの焼き場で焼かれ、灰になってガンジス川に流される。川に流されるということは、海へ行き、空へ返り、また新たな命になる、というふうな感覚があると思います。輪廻転生の考えはインドを中心に世界へ広まり、日本にも仏教を通じて入ってきました。

それに対して、死んだ後に落ち着きどころがあってそこでおしまい、という考え方もあります。終末論的といってもいいですが、キリスト教のように天国に行ってそこで永遠のいのちを得るということです。

――**「成仏」と同じ？**

仏になるというのは、輪廻から抜け出すことです。無限の循環の世界から、その向こう側の最後のところに行く。その考え方でいえば、輪廻は救いではないんです。

――**ああ、また苦しまなきゃいけないから。**

仏教的に言えば、輪廻はそのまま「苦しみ」ですから。

――**そうか、「来世があるから、心安らかに死ねる」というのではないのですね。**

輪廻観というのは、どこかで最後に究極の幸せや救いがあるというのとは少し違うんです。といっても、その考えとつながる場合もあって、何度も輪廻していくうちに次第にそういうところに向かっていくというような……。

――**らせん状に上っていくイメージ！**

ええ、オウム真理教もおそらくそういう考え方でしたし、現代人が身近に感じる仏教もそれに近いでしょう。いまの人生ではそこまで深く仏道に励むことができなかった、だからいずれ生まれ変わって、そこでは仏道をしっかり修行して悟りに向かい、涅槃に行きたい――という考えは大乗仏教徒のなかには広くあります。その一つが、阿弥陀様《あみださま》にすがれば極楽に行けて、必ず仏になれるという浄土教の教えです。

――今回はだめだったから、次はきっと成仏するぞと。それって、まだ未練《みれん》とか執着がたっぷりあるということでしょうか。

そうともいえるでしょうが、いつまでもこの世の苦労が続くと考えると、シシュフォスの神話――山に岩をのっけていって、山頂に達するたびに転がり落ちることをえんえん繰り返す、というギリシア伝説の話です――みたいに未来永劫《みらいえいごう》、意味のない苦役《くえき》に呻吟《しんぎん》すると考えることになります。

――終わりがない！

ええ、人間の一生とはそういうものだと感じる人も多く、それぐらいなら自殺したほうがましだと思う人もいるかもしれません。でも、するとまた生まれちゃって同じようなことを繰り返さなきゃいけない（笑）。そこから脱することこそが悟りなので、仏教的には輪廻はいいことではないですね。しかも人間に生まれ変われるとは限りません、獣《けもの》や餓鬼《がき》（餓鬼道に落ちた亡者《もうじゃ》。常に飢えに苦しんでいる）になったり、地獄に生まれるかもしれない。でも人間は輪廻転生するものなので、なんとかしてそこから脱しようとする、それが発心《ほっしん》する（悟りを求めて仏道を行なおうとする心を起こす）ということです。ただ近代になると、むしろ何度でも生まれ変わってますますいい人生を送れることを願うような仏教の動きも出てきて、創価学会《そうかがっかい》などはそういう考え方です。ただ、もともと大乗仏教にはこの世でこそ悟りに至れる、仏様の境地に達することができるという考え方もあるんです。それだと現世肯定的になりますが、近年ではそういうふうに仏教を理解する人も増えています。

――なんだか、考え方だったり、理解の仕方だったり……すごく柔軟《じゅうなん》なんですね（笑）。

仏教はほんとうにいろいろなかたちになるというか、これが「方便《ほうべん》」ということです

(笑)。

――あ、まさにぴったり!

仏さまはあらゆる方便を使うことができました。それぞれの人は資質が違い、それぞれの場所で状況は違うのだから、あらゆるタイプの理解の仕方が可能になる。それでも究極の真理を見失わなければそれでいい、ということなんです。

仏さまはあらゆる方便を使うことができた

ともかく現代になるにつれ、個々人がそれぞれ経験に応じて求めるようになった宗教的体験にかかわる何か、誰もが何らかの資質をもっているものを称してスピリチュアリティというようになりました。なかには「自分は宗教にはなじまないけれど、スピリチュアリティには大いに関心がある」という人が増えています。ですから、今の時代は宗教が復興していると同時に、スピリチュアリティへの関心が高まっているといえるでしょう。

たとえば医療の世界をみると、従来は生物学的な医療医学で人の苦しみを解決しようという考え方が強かった。今も大学の医学教育はほぼそれに尽きていますが、ほんとうにそれだけでいいのか、という疑問が湧いてくる。死に向き合っている人をどのようにケアできるのか、いかにして心の支えになれるのか、といった人間の限界の経験――スピリチュアル・ペインといったりしますが――を生物学的な治療では解決できない。では心理学なのかというと、それでも間に合わない。やはりそこには「聖なるもの」が必要になってくるのです。

別の側面でいえば、数十年前までは、医療はよいことをしてくれるものだと人は思っていました。患者さんのよい生活のために医師も医療機関も尽くしてくれる。今もその前提はあるのですが、多くの人がそこに経済動機がどれくらい入っているか、経済動機に引っ張られていないかを警戒せざるを得なくなっています。

――**簡単には死ねなくなっている?**

その面もありますし、一部の人しか享受できない治療法が増えています。また副作用が及ぶにもかかわらず、それが過小評価されていたり隠されていたりすることが多い。大製薬メーカーが情報操作をしているといったスキャンダルがしばしば出てきます。しかも個々人がよかれと思って望むことなら何でもしてしまうと、共同生活としてそれでよいのかどうかは横に置かれてしまいます。たとえば、皆が長寿を望むからと一人ひとりの言うことを満たそうとして老化の防止の研究成果が上がれば、たいへんな利益が得られるかもしれません。しかし、その結果、高齢者が増えて、平均死亡年齢が130歳ぐらいになったとすると、いったいどんな社会になるか。お金持ちはそこまで幸せに生きられるとしても、そのために働く人は場合によっては貧しいまま、短命なままで働かなければならないかもしれません。

――介護も大変です。

はい。また、先ほどの遺伝子のゲノム編集はここ2、3年で急速に進んで、食べものはどんどん作り変えられ、肉の多いタイやマグロの養殖が進んでいます。養殖するだけならさほど驚きませんが、その養殖マグロがムチムチで、しかも味もいい（笑）。将来の食糧難に対処できると研究者は自信満々です。他方、ミツバチが減っているという話もあります――これは害虫に負けない植物や農作物をつくっている影響が懸念《けねん》されています。つまり生態系そのものを変えることをやっているわけです。

――ちょっとこわい……。

人が皆、長生きできるようになれば どんな社会になるのか

おそらくそういうことがどんどん進むと思うのですが、そうなると100年後、200年後にどうなるかというと、それは考えてないわけです。いま手近にある課題、たとえば健康のため、欲望を満足させるためによいと思うこと、経済的に利益が上がることはどんどん進めてしまう。また、オリンピックで勝てる選手をつくる、国の科学技術を発達させるためにとびきり頭のいい人間をつくる……それらがどういう結果を人類社会にもたらすのか、そもそも予測できないことがたくさんあります。もっと予測を試みて、慎《つつし》むべきことは慎めばいいのにそれができない。同じようなことが医療で次第に感じられるようになっています。しゃにむに病気を治す医療は、実は当事者からみてさえ幸せでないということに気がつくようになった。そして緩和《かんわ》医療、ホスピス医療、またQOL（quality of life クオリティ・オブ・ライフ＝一人ひとりの人生の内容や社会的な生活の質。その人がどれだけ人間らしい、自分らしい生活を送り、人生に幸福を見出しているか、などを尺度としてとらえる概念）といった概念も出てきました。

――ホスピスというのはキリスト教の言葉なのですか？

もともとはそうです。1967年に、イギリスの医師シシリー・ソンダースが聖《セント》クリストファー・ホスピスを開設したのが始まりです。「聖」というとキリスト教の施設のようですが、特定の宗教によらずにどんな人に対してもスピリチュアルケアを提供できる、死にゆく人たちのためのケアの施設と考えられるようになりました。いま、介護施設がどんどん増え、できるだけ苦しみの少ない穏やかな環境を提供しようとしています。ですが、入所者たちに生きていることの喜び、深い意味での安らぎ、死を前にしてこれまでを振り返りながら自分の人生を肯定できるかたちで最後の日々を送ってもらえるようなケアも必要ではないだろうか、これはホスピスが求めるものと対応します。対象は高齢者だけかというとそうではなく、医療やケア、サービス業など対人援助の領域はあらゆる分野でますます広がっていて、そこでしばしばスピリチュアリティが求められているのです。

今のホスピスはキリスト教者に限らずあらゆる人を受け入れている

――でも、なかには抵抗なく宗教に向かう人もいるんでしょう?

そういう人はいまも多いと思いますが、一つの宗教に所属することは敷居《しきい》が高くなっているうえに、他方で多様な選択肢《せんたくし》も出てきている。ですから宗教に向かうことを負担に思ったり、覚悟がないという人にとってはなかなか選び取りにくくなっているでしょうね。

――だからスピリチュアリティのほうが……うーん、まだよくわからないのですが、スピリチュアリティって、いったい何？

先に宗教を定義して「聖なるものをめぐる観念や実践の体系」といいましたが、スピリチュアリティは「聖なるものをめぐる経験や資質」で足りないとすれば、「聖なるものをめぐる観念や実践や経験あるいは資質」としてはどうでしょうか。

――あれ、宗教とあまり変わらない？

体系化されていないということです。

――あ、「体系」にはなっていないところが宗教とは異なるポイント。

そういうことです。つまり個人がベースになっているんです。社会ではなく、個々人がそれぞれに経験したり身につけたりする、聖なるものをめぐる観念や実践――と言えます。

スピリチュアリティは個人個人がベースになっている

——百人百様というか、前に出てきた「サンガ」みたいな団体活動ではないわけですね。でもそれは何かに導かれるというか、きっかけがないとそこへは向かないですよね。

ですよね。そういうスピリチュアリティを学んだり養ったり分かち合ったりする場が求められます。その場はもちろん団体に関わってくるのですが、スピリチュアリティはむしろ、それがそれぞれに即して現れる人間のあり方をいいます。日本語で「霊性《れいせい》」と訳す場合もあります。

——教義とかはないのですか。

考え方や習得するやり方を学ぶ、教わることはあると思います。ただそれが完全な答えであるとか、その答えをもって生活全体を組織していくべきであるとか——これは体系ということと関わりますが——、そういう意味での「聖なるもの」ではないんです。

——ノウハウはあっても、教義というものはない。

「ノウハウ」というよりも、時間をかけてじっくり育てられ、養われていくべきものです。もちろん宗教をもっている人にとってのスピリチュアリティもあります。この本の最初に「宗教心」について話しましたが、「宗教心」を現代人が捉え直すとスピリチュアリティとよびたくなるでしょう。

――というと？

つまりキリスト教徒それぞれのスピリチュアリティ、多様な仏教徒のスピリチュアリティとか、そういう言い方もできます。スピリチュアリティはそれを受け止めている人間の側に即して言っているものなんです。ただ、これもまたキリスト教由来《ゆらい》の言葉ですので、仏教徒には少し間尺《まじゃく》が合わないところもあって、人によっては日本語にするときに「霊性」ではなく「いのち」としたらどうかとか、私は「いのちの痛み」「いのちの恵み」といったりします。限りあるいのちを自覚することであり、いのちの恵みを経験すること、スピリチュアル・ペインは「いのちの痛み」となります。

――それは救いにつながるということですか。

たとえば大いなるいのちというものが強く感じられて、それがさまざまな苦しみを救ってくれる、解決してくれる――となると宗教に近づいてきますね。ですので、スピリチュアリティと宗教は対立するものではありません。支え合うものです。ただ「救い」という答えは前提としない、そして宗教というものを前提としないスピリチュアリティが広まってきているのが現代の特徴です。

3 救いの多様化？

――宗教を前提としない、といえば、こないだテレビ番組でマインドフルネスという瞑想（メディテーション）の特集をしていました。もともと仏教からきたのだそうですが、脳の活性化や認知症《にんちしょう》、うつ状態にも効果があるというので、いまは宗教と関係なくIT企業などでも積極的に取り入れられているようです。自分でもやってみたのですが、雑念《ざつねん》が入

ってなかなか呼吸に集中することができませんでした。先生は瞑想などするのですか？

私は水泳で満足しています。呼吸が非常に深いですし、何も考えなくなって、体のなかに溜まっているいろんな嫌なものがなくなります。眠くなっていくような感じです。それに全身を使っているでしょう、瞑想はからだを動かしながらでもできるし、少しの合間を見つけてもできる。いろいろなやり方があります。

――でも、どうやったら何も考えなくなれるのか……。

最近「ラビリンス」（迷宮）を歩く瞑想が広まっています。直径10メートルぐらいの円周から始めてだんだん中へ入っていき、最後は真ん中に辿《たど》りつく、そしてまた帰ってくる。どこに向かっているのかわからない迷路のような装置を使います。フランスのシャルトル大聖堂に同じようなものがあるのですが、日本でもあちこちでつくられていて、上智大学の広めの教室の中でもマットを敷いてやることができます。そこをゆっくりゆっくり歩く、ウォーキングメディテーションですね。座っているより気が散らなくていいという人もいるようです。

「瞑想」がいま、宗教から離れていろんなかたちで広がっている

――目的なしにただ歩く、そのことに集中するのですね。

そうすると、始めて間もない人でも涙を流したりするそうですよ。瞑想のテーマは自分で考えればいいし、何も考えないことにしてもいいのです。座っていても上手になれば気は散らないのでしょうが。

――ヨーガでも、始めたばかりの若いお母さんが、集中してやっているうちにボロボロ涙が出てきたという新聞の投書がとても印象に残っています。ところでスピリチュアリティには〇〇派だとかはないのですか。

もうあらゆるタイプのものがあります。「笑いヨーガ」といって、集まって皆で笑うことによって、心を解放するというのも、近年、人気が高いものです。

――タイプごとに団体をつくることはない？

つくることもあります。あまり責めないでください（笑）。

――教祖のもとに集まるわけではないんですね。

現代に目立つスピリチュアリティのあり方としては、同じ苦しみや悲しみや痛みをもった人同士が集まる。これは集団を形成する場合がありますが、宗教とはなかなか呼べません。セルフヘルプ（自助）グループともいいますが、例としては、アルコホーリクス・アノニマス Alcoholics Anonymous（AA）、アルコール依存症《いぞんしょう》の人たちが苦しみに向き合いながらそれとつき合っていく、あるいは克服していくためのグループです。でもそれは宗教団体ではないし、誰でも受け入れるわけでもない。同じ苦しみをもっているからこそ集まれるのです。乳がんの経験をもっているとか、近しい人が自殺した「自死遺族の集い」や、小さな子どもを失った人たち、がんを経験している本人や家族、犯罪被害者の集まりなど。そういうところにはスピリチュアリティの要素がたくさんありますが、宗教を前提とはしていません。

宗教の大事なポイントの一つは救いの源泉を共有して体系化していることですが、むしろ現代は救いという観念が出る前のアニミズムや自然宗教といわれるもののほうに親しみを感じる人も増えています。先住民の文化や、さきほどの瞑想や、身体技法といったりするヨーガなどを通してスピリチュアリティに触れる、これも必ずしも宗教とはつながらないケースです。戒律や教えなどの体系を重視せず、〝個々人それぞれのスピリチュアリティを重んじる宗教〟といいますか。

――救いの場がすごく多様化している？　これからはどんなふうになってゆくんだろう……。

これまで救済を中心とする体系的宗教と、そこから脱して科学、唯物論的方向にいく道筋が対立してきたと考えられてきました。しかしそう単純にはいかなくて、１９７０年代以降になるとむしろ逆の方向へ戻っていく動きがみられるようになり、またスピリチュアリティへの関心が広がってきました。ここ40年ほどのそういう傾向は、今後もしばらく続いていくのではないかと思います。

――グローバル時代とかいいますから、世界共通にそういう見通しなのでしょうか。

アニミズムや自然宗教は現代の人たちを惹きつけている

主に先進国で生じている傾向です。いっぽう、南半球、たとえばアフリカなどでは、この50年の間にキリスト教やイスラームが非常に広まって、それまでのアニミズムや民俗宗教（基層《きそう》宗教）から救済宗教へと変化していく流れが目立ちます。これらの地域は人口増加が大きい。ですから世界的に見れば、救済宗教が大きく後退しているとも言えないでしょう。

――大きな流れは一方向ではなく共存、あるいは混沌《こんとん》という感じでしょうか。

4 宗教回帰、日本は？

日本の場合、儒教や神道は救済宗教ではありませんが、社会秩序を支える精神文化として長く尊ばれてきたものであって、そちらに傾く気配もあります。たとえば伊勢神宮にお詣《まい》りする人の数は２０１３年に史上最高を記録しました。〝パワースポット〟といわれる場所を訪ねる人も増えています。

――一時的な流行ではなくて？

おそらくそうでしょう。そこには神道的なものに対する憧れもあります。たとえば大ヒットしたアニメ映画『君の名は。』で神社が〝聖地〟になっていますし、それ以前の宮崎駿《はやお》さんの映画にも、仏教や儒教の影響を受ける前のアニミズムや民俗宗教への憧れがうかがえます。

――へえー、ということは私たち若い世代が受け入れているんですね。

そうなりますね。アニミズムやときにはシャーマニズムは、環境問題が切実になって近代文明の限界に気づくようになった１９８０年代から90年代にかけても、希望的に唱えられたことがありました。かつては低い文化や未開の文明を表わす言葉とさえ思われたこともありましたが。同じころに縄文文化ブームが起きたことも関わりがあるでしょう。自然を支配しようとせず、共生しようとするところは今のエコロジーの風潮に合っていますし、

「聖地巡礼」が若い人たちに受けるのはなぜ？

アニミズム的なものと国家神道的なものへ人心が向かっていくのは、日本の一つの流れとしてあります。ただ広くみると、東アジアの伝統文化へ戻っていく動きともみることができます。

――儒教に傾いてきたとか？

ヨーロッパ諸国では学校の授業で宗教を教えます。ドイツやロシアでは、宗教をとらない人は倫理を学べます。日本ではそのかわりに「道徳」があって、戦前は「修身《しゅうしん》」でした。修身はあきらかに儒教の影響を受けた道徳教育ですね。熱心な先祖祭祀《さいし》の観念は、仏教がお寺でも担《にな》っていますが、もともと儒教の影響を大きく受けています。たとえば位牌《いはい》は儒教が起源です。

――知りませんでした！

目上の人を重んじ敬語を丁寧に使う、人の前で深くお辞儀をする、といったことも儒教の伝統と関わっています。人間同士のあいだに上下関係を強く意識し、上位のものを尊ぶ。

そういう他者に対する上下関係的な尊敬の念が東アジアでは強い。親孝行など「忠」「孝」の念もそうです。礼儀の面でも、東日本大震災が起こったときの日本人の振舞いはたいへん礼儀正しいと言われました。

――意識していないところで影響を受けているのですね。でも儒教の影響というなら、いまの中国ではなんだか逆のような？

中国の場合は、礼を大事にしていた文化を共産主義や毛沢東《もうたくとう》主義で意図的に壊しました。台湾には礼儀正しい人が多いと私は感じています。反面、先進国のなかで日本や韓国では女性の社会的権利が低く、なかなか高い地位につけないことがあります。

――男尊女卑《だんそんじょひ》ですか。それも儒教の影響で。

そうですね。仏教の影響もあります。日本でも尼僧《にそう》の地位が低いです。もっともキリスト教やイスラームにもその傾向はあります。

5

宗教を学ぶこと、実践すること

――いろいろなことを知るにつれて、宗教への親しみが増してきたようにも感じます。ところで、宗教学に進んでくる学生さんに武道や芸道をやっている人が多いという話がありましたが、宗教を学ぶことと宗教を実践することはどういう関係になるのでしょう。兼ね合いというか……。

……うーん、先にも述べましたように、宗教的なものにはとても関心があるけれども、一つの宗教のなかにすっかり所属して体をそこに埋めていくというか、入り込むことがしにくい時代になってきたと思うのですね。医療のなかにスピリチュアルな次元が大いに絡んでいるにもかかわらず、じっさい医療に関わる人がそれを十分やれていない。似たような経験を私は1970年代にもちました。学問の意味を問うような学園闘争《がくえんとうそう》が挫折《ざせつ》していく時期ですが、「心の空白」のようなものを強く感じたんです。それで戦後文学や収容所文学にひかれました。「今後は宗教がなければ、人類は滅亡する」と説いたソルジェニーツィン（1918−）を読みふけった時期もあります。同時に、頭でこしらえた思想では力にならない、どうしたら自分の生き方の根っこが見出せるだろうと、宗教について自分なりにしっかり考えをまとめなくてはならないと感じたんです。ただ、外から研究するだけでなく、近づいて、切れっ端《ぱし》であれ共に経験をしながら汲《く》んでいきたい。そしてそういう宗教学の学び方をしました。そのなかで、日々宗教を実践する状態にかなり近づいたこともあります。民衆宗教、天理教や金光教の研究にも取り組みました。石田梅岩《ばいがん》（1685−1744、江戸中期の思想家）の石門《せきもん》心学の歴史も学び、あまり知られていない教団ですが、出居清太郎《いでいせいたろう》（1899−1983）という人が始めた修養団捧誠会《しゅうようだんほうせいかい》の教えを詳しく学んだこともあります。たしかに宗教というものを通して、自分自身の居場所をはっきりさせたい、生き方の柱をつかみたいと勉強していました。ですが、さまざまな宗教的なことがらについて頭のなかに入れていると、いろいろな機会にそれが出てくるようになります。

——偏りなく学んだせいで？

それでも自分なりの偏りはもっていて、一言でいえるようなものではありませんが、宗教に対する批判的な見方もかなり入っています。たとえば、宗教が暴力を増幅する傾向があるのも確かです。いっぽうでやはり生きていくうえで宗教の力を借りることが多いです……ということで納得されたでしょうか（笑）。

――うーん、もう少し突っこみたいような……。

おそらく多くの人と同様、空白を埋めようとして理念で探し、宗教に近づいても、やはり結局は身につかなかった。自分の支えとなるもの、私個人にとって意義をもつ宗教のあり方を探し求めてきたということです。そして、ようやく近代日本人の「死生観」というところで、自分なりのものが出てくるのではと光明を見いだしたということはあります。さらに、宗教学を学ぶことを通して、また人生の経験を通して身につけてきたもののなかに、スピリチュアリティがさまざまなかたちで入っているとも感じています。もし学者、というのか、知識を得た者としての使命をいうなら、人びとがいま培《つちか》っているような宗教をめぐる多様なあり方が出合い、ともに分かち合える場所をつくっていくことかもしれません。

……ということは宗教は、やはり人に必要なものなのでしょうか？

世俗化の流れでいえば、かつてニーチェは「神は死んだ」といい、「宗教の時代は終わった」ということを言う人も出てきました。私がそれにどこか違和感をもち、「宗教を超えて」といった議論に少し納得できなかった理由の一つは、何かにつけて「宗教なしに自分自身で探究する」と言っても、人はそんなに強くないのでは、と感じたからです。自分自身、どこかマスコミや有名人、立派そうな人が書いた本などに頼ったりしていた。宗教を超えてそれに代わる堅固《けんご》な軸や足場がなかった。そこにいくと、「やっぱり宗教って頼りになるんじゃないか」と思ったことがあるのです。

これまでにもたびたびふれてきた、死や死者に向き合う、ということを考えてみても、たとえば死者を送り、追悼《ついとう》し、偲《しの》んだりするとき、人は何かしら作法を必要とするのではないでしょうか。「向こう側にいる」存在に思いをこらす作法として、また、かけがえのない人の死がもたらす計り知れない悲しみを入れる器《うつわ》として、宗教の伝統――たとえば聖典や神話にもとづく語り、神社やお寺や教会などの宗教建築のたたずまい、宗教音楽や宗教美術などの力は大きな慰《なぐさ》めとなりうるのではないか。科学が発達してどんなに理性を豊富に備えた現代人であっても、自分一人の力で死や苦しみや悪に向き合える自信があるというほど、人は強くはないように思うのです。宗教の伝統という「土台」があるからこそできることは少なくないでしょう。そういう意味では、「宗教を超える」ということは、うまく働かなくなってきている宗教を自分のなかで生かし直すことでもあるかもしれません。

最後に加えるなら、「人のいのちや魂は尊い」という感覚は本来、人間の誰しもが心の奥底にもっているはずなのに、「自分はそれを犯《おか》しているのではないか」といった不安や弱さや罪深さがある、だからこそ、理屈をこえて、宗教があるともいえるんじゃないでしょうか。

——人は弱いもの、ということにとても共感をおぼえます……だから宗教への興味がなくならないのかもしれません。

おわりに

「宗教とは何か」を問うと、「あなたにとって宗教とは」と問い返されます。「あなたにとって宗教とは」と問われて「無宗教です」と答えたとして、その後に「宗教なしの私って何」という問いも生じないでしょうか。「宗教ってなんだろう」という問いは「私ってなんだろう」という問いにもつながっています。

私の父の家は浄土宗《じょうどしゅう》で、母の家は神道《しんとう》です。つまりお葬式《そうしき》やご命日《めいにち》の行事で、浄土宗と神道を経験してきました。プロテスタントの幼稚園に通い、小学校から大学まで国公立の学校で教育を受けました。しかし、母はカトリックの学校で15年間教育を受けました。カトリックのことをあれこれ知っていましたが、信者にはなりませんでした。10人を超えるおじさん、おばさんがいましたが、熱心なキリスト教徒が父方、母方、それぞれに1人ずついました。

というわけで、私には特定宗教に所属するという意識はないですが、仏教にも神道にもキリスト教にも関わる機会をもって育ちました。大学に入ったときは医学部を志望していたのですが、三年に進学するとき、迷った末に方向を変え、文学部の宗教学科に進みました。なぜ、宗教学に進んだのかというと、医学教育が肌に合わなくて何を学べばよいのか迷っただけでなく、どのように生きていけばよいか、よくわからなくなり、自分なりの生き方の方針を見出すために、宗教、哲学、思想といった領域で学びたいと思ったからです。

大学を卒業するとき、まだとても学びが足りないと感じて大学院にすすみ、いつしか宗教学の研究者を志すようになりました。そして、大学院の博士課程で天理教《てんりきょう》や金光教《こんこうきょう》の教祖《きょうそ》について学びました。ふつうの農民が生活のなかから生み出した宗教について学ぶことで、自分にとっても宗教が経験的に理解できるようになるだろうと考えたのです。天理教と金光教は19世紀中頃に神仏習合《しんぶつしゅうごう》の世界から生まれてきた救済宗教ですが、日本人の宗教性を知るのにもよい例だと思います。

この本では、平凡社の山本明子さんの質問に答えながら、「宗教ってなんだろう」をお話ししようとしてきましたが、終わってみると、天理教や金光教の教祖の歩みをたどりながら宗教とは何かを考えていた頃の考えがベースになっていることにあらためて気づかされました。もちろん、その後の研究の成果もできるだけ生かそうとしたつもりですが、若いときに直感的に考えていたことが、その後も自分の考え方の導きの糸となってきたことにあらためて気づいて驚いてもいます。

何十年もかけて宗教について考え続けてきたのに、たいした進歩がなかったのかもしれません。しかし、長い時間をかけてだんだんと輪郭《りんかく》がはっきりしてきたことも多いのです。キリスト教や仏教やイスラームについては専門家と言えるほどに学びの蓄積《ちくせき》があるわけではありませんが、「救済宗教」とか「暴力と宗教」、「政治と宗教」ということについて私なりに考えてきたことの要点はまとめることができました。わかりやすく話すことができるためには、深くよくわかっていなくてはならない、まだまだ学び足りない、あらためてそう痛感《つうかん》しました。

「宗教ってなんだろう」と問われて話さなくてはならないことは、まだまだありそうです。とくにキリスト教や仏教やイスラームについて、あるいは儒教《じゅきょう》や神道や新宗教など、個々の宗教については説明が少ないですから、わかりにくいと感じられるのは当然です。参考文献一覧を付《ふ》しましたので、他の本も読んでいただけることを願っています。また、大きな話題として取り上げた事柄についても、話し足りないことが気になります。でも、冗長《じょうちょう》にならないためにはこのあたりがおさめどころだったかと思います。

至らぬながら、気づきの多い仕事となりました。楽しい語り合いの雰囲気《ふんいき》をつくってくださった山本明子さんにこの場を借りてお礼を申し上げます。

二〇一六年一二月　　島薗 進

参考文献

青木健『ゾロアスター教』講談社、2008年

阿満利麿『日本人はなぜ無宗教なのか』筑摩書房、1996年

石川明人『キリスト教と戦争――「愛と平和」を説きつつ戦う論理』中央公論新社、2016年

井筒俊彦『イスラーム生誕』中央公論新社、1990年(初刊、1979年)

小田垣雅也『キリスト教の歴史』講談社、1995年

岡田典夫・小澤浩・櫻井義秀・島薗進・中村圭志『はじめて学ぶ宗教――自分で考えたい人のために』有斐閣、2011年

ホセ・カサノヴァ『近代世界の公共宗教』(津城寛文訳)玉川大学出版部、1997年

加地伸行『儒教とは何か 増補版』中央公論新社、2015年(初版、1990年)

菊地章太『ユダヤ教 キリスト教 イスラーム――一神教の連環を解く』筑摩書房、2013年

小杉泰『ムハンマド――イスラームの源流をたずねて』山川出版社、2002年

櫻井治男『神道の多面的価値――地域神社と宗教研究・福祉文化』皇學館大学出版部、2014年

ウィリアム・ジェイムズ『宗教的経験の諸相――人間性の研究』上・下(桝田啓三郎訳)岩波書店、1969－70年

島薗進『現代救済宗教論』青弓社、1992年

同　『宗教学の名著30』筑摩書房、2008年

同　『国家神道と日本人』岩波書店、2010年
同　『現代宗教とスピリチュアリティ』弘文堂、2012年
同　『日本仏教の社会倫理――「正法」理念から考える』岩波書店、2013年
島薗進・橋爪大三郎『人類の衝突――思想、宗教、精神文化からみる人類社会の展望』サイゾー、2016年
ルネ・ジラール『暴力と聖なるもの』（古田幸男訳）法政大学出版局、1982年
末木文美士『親鸞――主上臣下、法に背く』ミネルヴァ書房、2016年
中村圭志『教養としての宗教入門――基礎から学べる信仰と文化』中央公論新社、2014年
中村元『ブッダの真理のことば　感興のことば』岩波書店、1978年
ロバート・ニーリー・ベラー他『心の習慣――アメリカ個人主義のゆくえ』（島薗進・中村圭志訳）みすず書房、1991年
ジャン・ボベロ『フランスにおける脱宗教性《ライシテ》の歴史』（三浦信孝・伊達聖伸訳）白水社、2009年
蓑輪顕量『日本仏教史』春秋社、2015年
安丸良夫『出口なお――女性教祖と救済思想』岩波書店、2013年（初刊、1977年）
マーク・K・ユルゲンスマイヤー『ナショナリズムの世俗性と宗教性』（阿部美哉訳）玉川大学出版部、1995年
若松英輔『イエス伝』中央公論新社、2015年

島薗《しまぞの》 進《すすむ》
1948年生まれ、宗教学者。東京大学名誉教授。
上智大学大学院実践宗教学研究科教授・同グリーフケア研究所所長。
宗教学をベースに、死生学やスピリチュアリティなど境界を超えて幅広い活動を
精力的に展開している。
『宗教学の名著30』(ちくま新書)、『日本人の死生観を読む』(朝日選書)、
『宗教を物語でほどく』(NHK出版新書)、
『近代天皇論』(片山杜秀氏との共著、集英社新書)など著書、対談集など多数。

中学生の質問箱
宗教ってなんだろう?

発行日　2017年2月15日　初版第1刷
　　　　2019年11月16日　初版第2刷

著　者　島薗進
発行者　下中美都
発行所　株式会社平凡社
〒101-0051 東京都千代田区神田神保町3-29
電話 03-3230-6583(編集)
　　 03-3230-6573(営業)
振替 00180-0-29639
平凡社ホームページ https://www.heibonsha.co.jp/

装幀+本文デザイン　坂川事務所
DTP　平凡社制作
印刷・製本　中央精版印刷株式会社

ISBN978-4-582-83751-3
NDC分類番号160　四六判(18.8cm)　総ページ224